COMTE LÉON TOLSTOÏ

PHYSIOLOGIE DE LA GUERRE

NAPOLÉON

ET LA

CAMPAGNE DE RUSSIE

TRADUIT DU RUSSE PAR MICHEL DELINES

DEUXIÈME ÉDITION

PARIS
LOUIS WESTHAUSSER, ÉDITEUR
10, RUE DE L'ABBAYE, 10

1888

PHYSIOLOGIE DE LA GUERRE

NAPOLÉON

ET LA CAMPAGNE DE RUSSIE

OUVRAGES

DE

MICHEL DELINES

LA CHASSE AUX JUIFS! roman, 1 vol. in-18. . . . . . . 3 50
LA FRANCE JUGÉE PAR LA RUSSIE, 1 volume in-18 . . 3 50
L'ALLEMAGNE JUGÉE PAR LA RUSSIE, 1 volume in-18 . 3 50

TRADUCTIONS

N. Tchédrine. — BERLIN ET PARIS, VOYAGE SATIRIQUE A TRAVERS L'EUROPE, 4e édition, 1 volume in-18 . . . 3 50

Léon Tolstoï. — L'ENFANCE ET L'ADOLESCENCE, 1 volume in-18 . . . . 3 »

PARAITRA AU MOIS D'OCTOBRE

LA TERRE DANS LE ROMAN RUSSE.
ALMANACH FRANCO-RUSSE.

ASNIÈRES. — IMPRIMERIE LOUIS BOYER ET Cie

COMTE LÉON TOLSTOÏ

PHYSIOLOGIE DE LA GUERRE

NAPOLÉON

ET LA

CAMPAGNE DE RUSSIE

TRADUIT DU RUSSE PAR MICHEL DELINES

DEUXIÈME ÉDITION

PARIS
LOUIS WESTHAUSSER, ÉDITEUR
10, RUE DE L'ABBAYE, 10

1888

NAPOLÉON
ET LA CAMPAGNE DE RUSSIE

I

LE PLAN DE LA CAMPAGNE DE 1812

Les auteurs français ont à cœur de nous prouver, dans les livres qu'ils ont consacrés à l'histoire de la campagne de Russie, que Napoléon avait pressenti le danger qu'offrait l'extension de sa ligne, qu'il avait recherché la bataille par tous les moyens et que ses maréchaux lui avaient tous conseillé de s'arrêter à Smolensk ; en un mot, tous ces historiens nous présentent toute sorte d'arguments pour nous démontrer que déjà Napoléon et son état-major avaient compris le danger de cette campagne.

De leur côté les historiens russes tiennent encore plus à nous persuader que dès le commencement de la campagne nous avions conçu le plan de cette guerre scythique, lequel consistait à attirer Bonaparte tout au fond de la Russie. Ils attribuent ce plan tantôt à Pfuhl, tantôt à Toll, tantôt à un Français qui est resté anonyme ou à l'empereur Alexandre lui-même ; ils invoquent à l'appui de leurs assertions des mémoires, des projets, des lettres dans lesquels on trouve en effet des allusions à un plan de campagne dans ce genre.

Mais il faut reconnaître que toutes ces soi-disant prévisions ne sont relevées actuellement, tant par les historiens russes que par les historiens français, que parce que les événements les ont justifiées.

Si la guerre avait pris une autre direction, ces prédictions seraient aujourd'hui oubliées comme tant d'autres conjectures opposées, qui n'ont pas rencontré juste et qui étaient pourtant très en vogue en ce temps-là.

Chaque événement suscite tant de suppositions quant à ses résultats, qu'il se trouvera toujours quelques personnes qui auront le droit de dire : « mais j'ai toujours prédit qu'il en serait ainsi », et on oublie chaque fois que dans le nombre de ces suppositions s'en trouvait une foule qui annonçait le contraire de ce qui est arrivé.

Attribuer à Napoléon la conscience du danger qu'offrait l'extension de sa ligne, et prêter aux Russes le plan d'attirer l'ennemi au fond de leur pays, — autant de suppositions faites après coup. Les historiens ne peuvent donner à Napoléon cette clairvoyance et aux commandants russes ces plans stratégiques qu'en forçant les faits.

En réalité, durant toute la campagne, les Russes n'ont jamais songé à attirer les Français au fond de leur pays; au contraire, ils firent tous leurs efforts pour arrêter la marche de l'ennemi dès ses premiers pas sur le territoire moscovite.

D'un autre côté, Napoléon, bien loin de redouter l'extension de sa ligne, accueillait avec joie, comme un triomphe, chaque pas en avant, et, contrairement à sa tactique habituelle, nous le voyons dans cette campagne rechercher mollement la bataille.

Quant à nous, dès le commencement

de la campagne nous voyons nos armées coupées en deux, et nous n'avons d'autre préoccupation que celle de pouvoir opérer leur jonction. Si nous avions voulu simuler la retraite pour attirer l'ennemi au fond du pays, il n'y aurait eu aucun avantage pour nous à réunir nos troupes. Enfin, Alexandre Ier vient au milieu de l'armée pour la stimuler, par sa présence, à disputer chaque empan de terre russe et non pour l'encourager à battre en retraite. C'est alors que nous formons le vaste camp de Drissa conformément au plan de Pfuhl, et que tout mouvement de retraite est interdit. Le tzar adresse des reproches aux commandants en chef pour un seul pas en arrière. Non seulement Alexandre Ier ne songe pas à faire mettre le feu à Smolensk, mais il ne veut même pas laisser l'ennemi arriver jusqu'aux murs de cette ville. Une fois la jonction des armées opérée, le tzar est indigné en apprenant que Smolensk a été pris et incendié sans qu'on ait livré sous ses murs une bataille générale.

Telle est la manière de voir du souverain ; quant aux chefs de l'armée ils s'indignent ainsi que leurs troupes à la pensée que nous reculons devant l'ennemi.

Pendant ce temps Napoléon, après avoir coupé nos armées, marche en avant dans le fond du pays et laisse échapper plusieurs occasions d'engager la bataille. Au mois d'août il se trouve à Smolensk et ne songe qu'à se porter plus avant dans la Russie, bien que ce mouvement, nous le reconnaissons maintenant, lui soit on ne peut plus funeste.

Les faits prouvent avec évidence que

Napoléon n'avait nullement prévu le danger de marcher sur Moscou, et qu'Alexandre Ier et les généraux russes ne songeaient point du tout à l'attirer au fond du pays. Napoléon y a été amené non pas en vertu d'un plan — personne n'a jamais cru à la possibilité d'un pareil plan — mais grâce aux intrigues, aux tiraillements, aux ambitions des hommes, les acteurs qui ont joué un rôle dans cette terrible guerre, — acteurs inconscients qui n'ont jamais deviné ce qui devait être, et ce qui a été, en effet, le salut de la Russie.

Tout se passe d'une manière imprévue : nos armées sont coupées au commencement de la campagne. Nous nous efforçons de les réunir dans le but évident de livrer bataille et d'empêcher l'invasion, mais nos troupes en cherchant à se tendre la main évitent de rencontrer l'ennemi qu'elles savent plus fort, et en reculant involontairement sous un angle aigu, nous entraînons les Français jusqu'à Smolensk. Mais ce n'est pas uniquement parce que l'ennemi marche entre nos deux armées que nous reculons sous un angle aigu; cet angle s'accentue de plus en plus et notre mouvement de retraite est précipité par un autre motif. A la tête de notre première armée se trouve Barclay de Tolly, un Allemand très impopulaire parmi nous. Bagration, le commandant de la seconde armée, a une haine personnelle contre Barclay de Tolly et s'arrange pour le rejoindre le plus tard possible, afin de n'être pas placé sous ses ordres. Ainsi Bagration retarde longtemps cette jonction, qui est le but suprême de tous les chefs de l'armée; il est vrai qu'il expliquera que cette marche eût mis ses troupes en danger, et qu'il y avait avantage pour lui à reculer plus à gauche et vers le sud, afin d'inquiéter l'ennemi de flanc et sur ses derrières, et ensuite d'opérer la réunion des armées en Ukraine. En réalité ces excuses sont des prétextes, et la cause véritable de ses atermoiements est qu'il ne veut point se soumettre à l'Allemand abhorré, lequel, pour comble de disgrâce, est d'un grade inférieur au sien.

L'empereur Alexandre se trouve au milieu de l'armée pour animer les troupes par sa présence, mais il est entouré de tant de conseils contradictoires, on lui soumet des plans si divers, qu'il ne sait à quoi se décider, ses hésitations tuent l'énergie de la première armée, et elle finit par battre en retraite.

On prend la résolution de se retrancher dans le camp de Drissa, lorsque tout à coup Paulucci, qui ambitionne le commandement en chef, arrive à s'emparer de l'esprit d'Alexandre Ier, et le plan de Pfuhl est abandonné. Le soin de combattre l'ennemi est confié à Barclay, mais comme il n'inspire pas une confiance sans bornes, son pouvoir est limité.

Voilà les armées isolées ; le commandement manque d'unité. Barclay est impopulaire, et cette défaveur jointe à là séparation des armées a pour résultat direct de faire naître des hésitations qui font qu'on évite toute rencontre avec l'ennemi.

Si la jonction des armées avait eu lieu, et si Barclay n'avait pas été nommé commandant en chef, une bataille eût été inévitable.

Les circonstances servent à monter

toujours plus l'opinion contre les Allemands, et l'esprit patriotique s'exalte de plus en plus.

Enfin le tzar quitte l'armée en donnant pour prétexte que sa présence est nécessaire à Moscou et à Saint-Pétersbourg, pour soulever le peuple et provoquer une guerre patriotique. De fait, ce voyage du souverain à Moscou triple les forces des troupes russes.

En réalité le tzar s'éloigne de l'armée pour ne pas nuire à l'unité du pouvoir du commandant en chef; il espère qu'en son absence Barclay prendra des mesures décisives. Mais la position des chefs de l'armée devient de plus en plus embrouillée et s'affaiblit graduellement. Bennigsen, le grand-duc et tout un essaim de généraux-adjudants restent dans l'armée pour épier les faits et gestes du commandant en chef et pousser à une action énergique. Barclay sous les yeux de ces argus du tzar devient encore plus prudent, recule devant toute action décisive et évite soigneusement la bataille.

Devant cette attitude de Barclay le grand-duc insinue qu'il commence à croire à une trahison, et il exige une bataille générale. Lioubomirski, Branitzki, Vlotzki et d'autres officiers font tant de tapage à ce propos que Barclay pour s'en débarrasser, sous prétexte de faire porter au tzar des rapports d'une haute importance, envoie à Saint-Pétersbourg les généraux-adjudants polonais et entre en guerre ouverte avec Bennigsen et le grand-duc.

Enfin, contre la volonté de Bagration la jonction des deux armées s'opère à Smolensk.

Bagration se rend en voiture à la

maison où demeure Barclay. Le commandant en chef sort de la maison et vient au-devant de son visiteur pour lui présenter le rapport comme à son supérieur en grade. Dans cet assaut de magnanimité Bagration se place sous le commandement de Barclay, mais en son for-intérieur il est toujours moins de l'avis de son chef.

Dans les rapports qu'il adressait à Araktchéef, sur l'ordre exprès du tzar, il disait :

« Que la volonté de mon empereur soit faite, mais je ne peux pas marcher avec le *ministre* (Barclay)... Pour l'amour de Dieu, envoyez-moi où vous voudrez, donnez-moi seulement un simple régiment à commander, mais ne me laissez pas ici, car je ne peux pas y rester... Tout le quartier général est plein d'Allemands, et il n'est pas possible pour un

Russe de respirer ici... il se passe des choses insensées... Je croyais servir mon tzar et ma patrie, mais en réalité je sers Barclay... J'avoue que cela ne me convient pas... »

Les intrigues de Branitzki, de Wintzengerode et d'autres officiers supérieurs enveniment encore plus les rapports entre les deux chefs, et l'unité est de plus en plus troublée.

Lorsque les Russes se préparent enfin à attaquer les Français devant Smolensk, le commandant en chef envoie un général pour inspecter les positions; ce général, qui hait Barclay, au lieu de remplir sa mission, va chez un de ses amis, un commandant de corps, y passe toute la journée et revient le soir auprès de Barclay avec une condamnation en règle du futur champ de bataille qu'il n'a pas même regardé.

Au milieu de ces querelles et de ces intrigues nous cherchons à rejoindre les Français, tout en nous trompant sur l'endroit où ils se trouvent. Les Français rencontrent la division de Neverovski et s'approchent des murs de Smolensk.

Il est impossible de ne pas accepter la bataille à Smolensk. Il s'agit de sauver nos communications. La bataille est livrée, et des milliers d'hommes tombent morts des deux côtés.

Contrairement à la volonté du tzar et à celle du peuple nos commandants abandonnent Smolensk.

Mais les habitants de cette ville, trahis par le gouverneur, incendient Smolensk et donnent un exemple aux autres villes russes, puis ils se réfugient à Moscou, déplorent leurs pertes et, partout où ils passent, sèment la haine contre l'ennemi.

Napoléon avance et nous reculons, et il en résulte que nous faisons précisément ce qu'il faut pour vaincre les Français.

II

LA VÉRITÉ SUR LA BATAILLE DE BORODINO

Dans quel but et comment la bataille de Borodino a-t-elle été livrée? Elle n'avait aucune signification ni pour les Russes ni pour les Français. Le résultat immédiat de cette bataille fut pour les Russes d'accélérer la chute de Moscou (ce qu'ils redoutaient le plus au monde) et pour les Français, de hâter la destruction de toute leur armée, ce qu'ils craignaient également par-dessus tout. Or ce résultat était le seul qui fût possible, et bien qu'il s'annonçât clairement, Napoléon livra cette bataille et Koutouzoff l'accepta.

Si un capitaine se guidait par des motifs raisonnés, Napoléon aurait vu nettement qu'à 2 000 kilomètres de son pays il ne pouvait livrer une bataille avec l'éventualité de perdre un quart de son armée, sans marcher à une destruction certaine; de même Koutouzoff devait voir clairement qu'en acceptant une bataille où il s'exposait à perdre le quart de son armée, il perdrait du même coup Moscou.

C'était aussi mathématiquement évident pour lui qu'il est clair dans le jeu de dames, que si j'ai un pion de moins que mon adversaire et que je veuille troquer un pion, je perdrai certainement, c'est pourquoi je dois m'abstenir de troquer.

Lorsque mon adversaire a 16 pions et moi je n'en ai que 14, je ne suis que d'un huitième plus faible que lui, mais quand je troquerai 13 pions, il sera trois fois plus fort que moi.

Jusqu'à la bataille de Borodino les forces russes étaient aux forces françaises dans le rapport de cinq à six, après la bataille ce rapport ne fut plus que d'un à deux, c'est-à-dire avant la bataille 100 : 120, et après la bataille 50 : 100. Et malgré cela, Koutouzoff, ce général intelligent et expérimenté, accepta la bataille.

Quant à Napoléon, ce capitaine de génie, comme on l'appelle, il a livré cette bataille qui a dévoré un quart de son armée et l'a mis dans l'obligation d'étendre toujours plus sa ligne.

On objectera peut-être, que Napoléon avait pensé terminer la campagne par l'occupation de Moscou, comme il avait fait précédemment à Vienne, mais nous avons de nombreuses preuves que telle n'était pas sa pensée. Les historiens de Napoléon eux-mêmes racontent qu'il avait voulu suspendre sa marche en avant déjà à Smolensk à cause du danger qu'offrait l'extension de sa ligne, et parce qu'il savait fort bien que son entrée à Moscou ne serait pas la fin de la campagne. Il avait vu dès Smolensk dans quel état les Russes lui livraient leurs villes, et quand il avait essayé de parlementer personne ne lui avait répondu.

Napoléon en livrant la bataille de Borodino et Koutouzoff en l'acceptant, ont agi totalement à rebours du bon sens. Mais ensuite les historiens sont venus et pour justifier les faits accomplis, ils ont accumulé des preuves ingénieusement tissées de la prévision et du génie des capitaines, tandis qu'en réalité de tous les instruments involontaires qui servent à l'accomplissement des grands faits historiques, ces capitaines sont les instruments les plus passifs et les plus involontaires.

Les anciens nous ont laissé des modèles de poèmes historiques où tout l'intérêt se concentre sur quelques héros, et nous ne pouvons encore nous habituer à comprendre que dans nos temps plus humains cette manière d'entendre l'histoire n'a plus aucune raison d'être.

A la seconde question que nous avons posée : comment la bataille de Borodino et celle de Chevardino, qui l'a précédée, ont-elles été livrées ? la réponse des historiens n'est pas moins positive, et tout le monde la connait. Tous sont d'accord pour nous dire :

« *L'armée russe, dans sa soi-disant retraite de Smolensk, cherchait la position la plus favorable à une bataille générale et la trouva à Borodino.*

» *Les Russes avaient d'avance fortifié cette position à gauche de la route presque sous l'angle droit de Borodino à Outitza, à la place même où la bataille a eu lieu.*

» *Pour pouvoir observer l'ennemi, on mit au-delà de cette position, sur le tertre de Chevardino, un avant-poste fortifié. Le 5 septembre Napoléon attaqua l'avant-poste et le prit d'assaut ; le 7 septembre il attaqua toute l'armée russe qui se trouvait en position sur le champ de Borodino.* »

Tel est le récit de tous les historiens,

et il est absolument faux, comme peuvent s'en convaincre tous ceux qui voudront pénétrer au fond de cette affaire.

Les Russes n'ont pas cherché la position la plus favorable; mais, au contraire, ils ont passé en battant en retraite devant plusieurs positions bien supérieures à celle de Borodino. Ils ne se sont arrêtés à aucune de ces positions pour plusieurs raisons : Koutouzoff ne voulait en accepter qu'une de son propre choix, puis la nécessité d'une bataille générale ne se faisait pas encore assez nettement sentir, enfin Miloradovitch n'était pas encore arrivé avec sa milice; il y avait encore d'autres motifs qu'il serait trop long de vouloir énumérer. De toutes ces considérations ressort le fait que les premières positions de l'armée russe étaient plus fortes que celle de Borodino, et que cette position-là, non seulement n'était pas favorable en soi, mais qu'en posant au hasard une épingle sur n'importe quel point de la carte de Russie on aurait trouvé une place qui l'eût value.

Ensuite, non seulement les Russes n'ont pas fortifié la position de Borodino à gauche sous l'angle droit de la route, mais jusqu'au 6 septembre 1812 ils n'ont pas songé que la bataille pourrait avoir lieu à cet endroit. Comme preuve de ce que j'avance, je dirai premièrement que le 6 septembre il n'y avait encore aucune fortification sur cette place, que les travaux de retranchement ont commencé ce jour-là et n'étaient pas terminés le 7 septembre ; en second lieu j'indiquerai la situation même de cette redoute de Chevardino, car cette redoute placée en avant de la position sur laquelle la bataille a été acceptée, est un véritable non-sens. Pourquoi cette redoute a-t-elle été plus solidement fortifiée que tous les autres points? Pourquoi l'armée russe s'est-elle épuisée en efforts superflus et a-t-elle sacrifié six mille hommes en s'acharnant à la défense de cette redoute jusque tard dans la nuit du 5 septembre ? Pour observer l'ennemi, la patrouille des Cosaques suffisait amplement.

Enfin pour démontrer que la bataille n'a pas été livrée sur un point prévu par l'armée russe et que la redoute de Chevardino n'était pas un avant-poste de cette position, j'ai une troisième preuve encore plus concluante que les précédentes, la voici : jusqu'au 6 septembre, Barclay de Tolly et Bagration sont restés persuadés que la redoute de Chevardino était le flanc gauche de la position, et que Koutouzoff lui-même, encore dans l'entraînement du combat après la bataille, écrit un rapport où il appelle la redoute de Chevardino le flanc gauche de la position.

C'est évidemment plus tard, quand on fit des rapports à tête reposée, qu'on inventa, pour justifier les fautes du commandant en chef qui doit toujours être infaillible, que la redoute de Chevardino était un avant-poste, tandis qu'elle n'était en réalité qu'un poste fortifié du flanc gauche, et que la bataille de Borodino avait été acceptée sur une position désignée d'avance et fortifiée. En réalité la bataille s'engagea à l'endroit où l'on s'y attendait le moins et sur un point qui n'était presque point du tout fortifié.

Voici comment les choses ont dû se passer: la position avait été choisie sur la rivière Kolotcha qui traverse la grande route, non pas sous un angle droit mais sous un angle aigu, de sorte que le flanc gauche se trouvait à Chevardino, le flanc droit près du village de Novoë et le centre à Borodino, au confluent des deux rivières, la Kolotcha et la Voïna. Cette position couverte par la rivière Kolotcha était commandée par une armée ayant pour but d'arrêter l'ennemi qui marchait sur Moscou par la route de Smolensk; quiconque jettera un coup d'œil sur le champ de Borodino en mettant de côté les récits qui ont été faits sur cette bataille se rangera certainement à cet avis.

Napoléon s'était dirigé le 5 septembre vers Valouevo; il n'a pas vu, racontent gravement les historiens, les positions des Russes d'Outitza à Borodino — il ne pouvait les distinguer par la bonne raison qu'elles n'existaient pas. — Il ne vit pas davantage l'avant-poste de l'armée russe, mais se heurta en poursuivant l'arrière-garde russe contre la redoute de Chevardino, le flanc gauche de la position de l'armée russe, et prit les Russes à l'improviste en passant avec ses troupes à travers la Kolotcha. Les Russes, n'ayant pas réussi à engager à temps une bataille générale, battirent en retraite de l'aile gauche en abandonnant la position qu'ils avaient eu l'intention d'occuper, pour en prendre une nouvelle à laquelle ils n'avaient point songé et sur un point non fortifié.

Lorsque Napoléon eut passé sur la rive gauche de la Kolotcha, à gauche de la route, il transposa la position de la future bataille de droite à gauche, par rapport à l'armée russe, et la transporta sur le champ situé entre Outitza, Semenovskoe et Borodino. Ce champ, comme nous l'avons déjà dit, en tant que position ne présente rien de plus que n'importe quel autre champ de la Russie. C'est sur ce champ que la bataille du 7 septembre a été livrée.

Dans l'ébauche qui suit nous mettons en regard le plan de la bataille supposée et celui de la bataille telle qu'elle a été livrée :

Si Napoléon n'avait pas marché le soir du 5 septembre dans la direction de la Kolotcha, et au lieu de donner l'ordre d'attaquer immédiatement la redoute avait remis cette attaque au lendemain matin, personne n'aurait plus douté que la redoute de Chevardino occupât le flanc gauche de la position des Russes, et la bataille se serait passée comme ceux-ci s'y attendaient. Dans ce cas les Russes auraient défendu la redoute

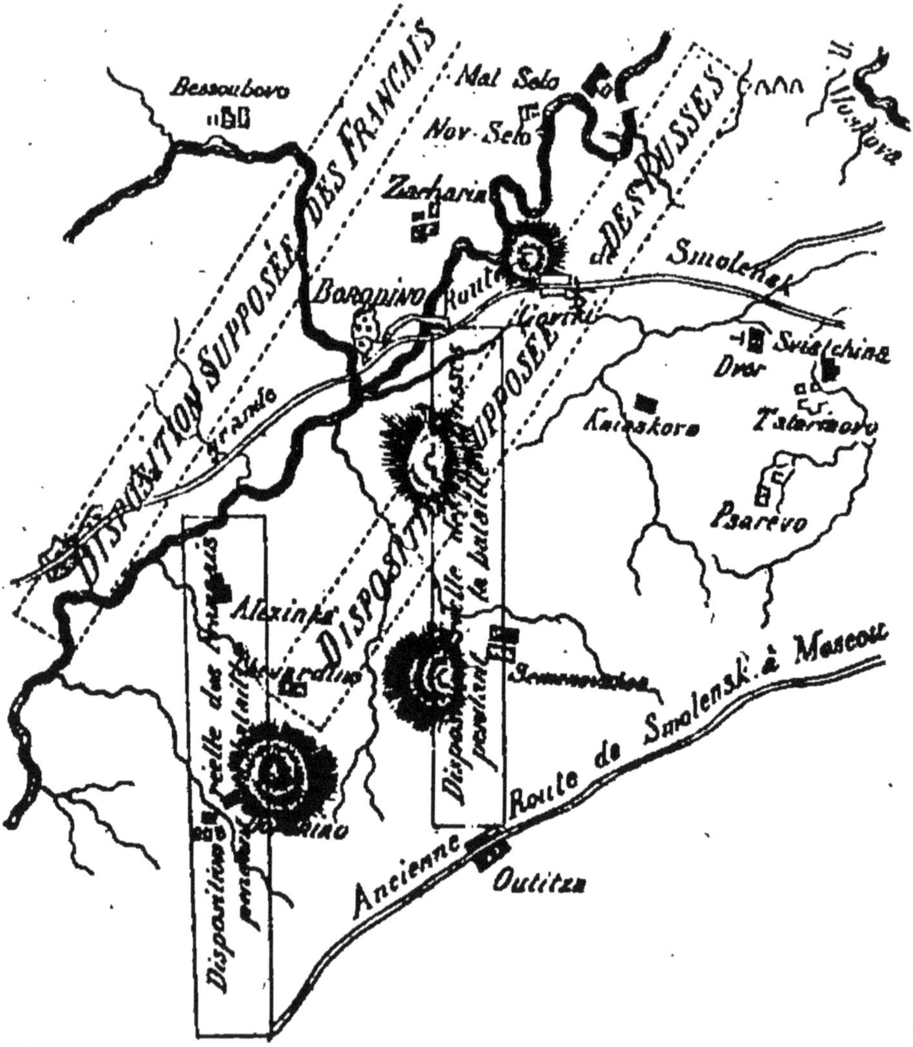

DISPOSITION SUPPOSÉE DES FRANÇAIS
DISPOSITION SUPPOSÉE DES RUSSES
Bessoubovo
Mal Selo
Nov. Selo
Zacharin
Borodino
Route de Smolensk
Gorki
Smolensk
Svistchina
Dvor
Tatarinovo
Psarevo
Alexinka
Outitza
Ancienne Route de Smolensk à Moscou
Disposition réelle des Français pendant la bataille
Disposition réelle des Russes pendant la bataille

encore plus opiniâtrement pour sauver leur flanc gauche, et ils auraient attaqué Napoléon au centre ou à droite, enfin le 5 septembre la bataille aurait eu lieu sur la position prévue et fortifiée. Mais comme l'attaque sur le flanc gauche de l'armée russe a eu lieu le soir, tout de suite après la retraite de l'arrière-garde et immédiatement après la bataille de Gridnevo, et comme les chefs russes ne voulaient pas ou ne pouvaient pas commencer la bataille générale le 5 septembre, la première et la plus importante action de la bataille de Borodino fut perdue dès le 5 septembre, ce qui conduisit immanquablement à la perte de la bataille qui fut livrée le 7 septembre.

Quand les Français eurent enlevé la redoute de Chevardino, les Russes restèrent sans position au flanc gauche et furent mis dans la nécessité de replier leur aile gauche et de se fortifier au hasard et à la hâte.

Aussi le 7 septembre non seulement les troupes russes n'avaient pour s'abriter que de faibles retranchements inachevés, mais le désavantage de leur position fut augmenté parce que leurs commandants ne voulurent pas reconnaître le fait accompli; ils refusèrent d'admettre que leur position du flanc gauche était perdue et que le lieu de la bataille avait été transféré de droite à gauche. C'est pourquoi l'armée russe ne modifia point sa position étendue allant du village de Novoe à Outitza, ce qui l'obligea pendant la bataille de déplacer ses troupes de droite à gauche. De cette manière les Russes opposaient à l'armée française dirigée contre le flanc gauche des forces deux fois inférieures à celles de l'ennemi.

L'action de Poniatovski contre Outitza et Ouvarovo sur le flanc droit des Français présentait des incidents indépendants de la marche de la bataille.

Aussi la bataille de Borodino ne s'est pas passée comme l'ont racontée les historiens qui s'efforcent de dissimuler les fautes de nos chefs et qui diminuent ainsi la gloire qui revient à l'armée et au peuple russe. La bataille de Borodino n'a pas eu lieu sur une position choisie d'avance ni fortifiée, ni avec des forces à peu près égales à celles des Français, au contraire, à cause de la perte de la redoute de Chevardino, les Russes se sont trouvés en face d'un ennemi deux fois plus fort qu'eux, et sur une place non fortifiée..... c'est-à-dire dans des conditions telles, qu'il était impossible de se battre pendant dix heures consécutives et de rendre la bataille même indécise, et qu'il était tout à fait impossible de sauver l'armée d'une défaite complète, bien que la bataille n'ait duré que trois heures.

III

LES DISPOSITIONS PRISES PAR NAPOLÉON EN VUE DE LA BATAILLE DE BORODINO

Selon le récit de ses historiens, Napoléon passa toute la journée du 6 septembre à cheval, inspectant le champ de bataille, examinant les plans qui lui avaient été présentés par ses maréchaux et dictant lui-même ses ordres à son état-major.

La ligne primitive des troupes russes avait été modifiée, et la prise de la redoute de Chevardino avait fait reculer une partie de cette ligne, le flanc gauche. Cette partie n'était point fortifiée ni protégée par la rivière et devant elle s'étendait une plaine découverte, tout à fait plate.

Il saute aux yeux de chacun, militaire ou non, que c'est cette partie faible de la ligne que les Français devaient attaquer. Pour arriver à cette conclusion il n'était nullement besoin de tant de combinaisons ni de tant de soins et d'embarras de la part de l'Empereur et de ses maréchaux; et par-dessus tout, cette haute et extraordinaire capacité qu'on appelle le génie, et dont on aime tant à faire honneur à Napoléon, était dans cette occasion parfaitement superflue. Cependant les historiens qui ont rapporté ces faits, les hommes de l'entourage de Napoléon et l'Empereur lui-même pensaient différemment.

Napoléon, nous disent-ils, parcourut à cheval le champ qu'il destinait à la bataille, il examina le terrain en restant profondément absorbé dans ses réflexions, hochant la tête en signe d'approbation ou de désapprobation, comme s'il se parlait à lui-même sans daigner révéler aux généraux qui l'entouraient la marche que suivait sa profonde pensée pour aboutir à des décisions ; il ne leur communiquait que les résultats définitifs sous la forme d'ordres. Davoust, autrement dit le duc d'Eckmühl, proposa de contourner le flanc droit des Russes, Napoléon rejeta cette proposition sans dire pourquoi. A celle du général Campan, celui qui devait attaquer les flèches de Bagration et qui offrit de conduire sa division à travers la forêt, Napoléon donna son assentiment, bien que le soi-disant duc d'Elchingen, c'est-à-dire Ney, se permit de faire observer que la marche par la forêt pouvait être dangereuse et semer le désordre dans la division.

Après avoir examiné le terrain situé en face de la redoute de Chevardino, Napoléon resta quelque temps plongé dans ses réflexions, puis il désigna l'emplacement où l'on devait établir pour le lendemain deux batteries pour bombarder les fortifications russes; il indiqua également à côté les places où devait se tenir l'artillerie de campagne.

Après avoir donné ces ordres il rentra dans sa tente et dicta par écrit le plan de la bataille.

Voici en quoi consistait ce plan dont les historiens français ne parlent qu'avec transport, et ceux des autres pays avec respect :

ORDRE POUR LA BATAILLE

Au camp, deux lieues en arrière de Mojaïsk,
6 septembre 1812.

« A la pointe du jour, les deux nouvelles batteries construites pendant la nuit au plateau du prince d'Eckmühl commenceront leur feu contre les deux batteries ennemies opposées.

» Au même moment, le général Pernetty, commandant l'artillerie du 1er corps, avec les trente bouches à feu qui seront à la division Campan et tous les obusiers des divisions Desseix et Friant, qui se porteront en avant, commencera le feu et écrasera d'obus la batterie ennemie, qui, par ce moyen, aura contre elle :

24 pièces de la garde,
30 de la division Campan
et 8 des divisions Friant et Desseix

Total : 62 bouches à feu.

» Le général Fouché, commandant l'artillerie du 3e corps, se portera avec tous les obusiers du 3e et du 8e corps, qui sont au nombre de seize, autour de la batterie qui bat la redoute de gauche, ce qui fera quarante bouches à feu contre cette batterie.

» Le général Sorbier sera prêt, au premier commandement, à se détacher avec tous les obusiers de la garde, pour se porter sur l'une ou l'autre redoute.

» Pendant cette canonnade le prince Poniatowski se portera du village vers la forêt et tournera la position de l'ennemi.

» Le général Campan longera la forêt pour enlever la première redoute.

» Le combat ainsi engagé, les ordres sont donnés selon les dispositions de l'ennemi.

» La canonnade de la gauche commencera au même moment qu'on entendra la canonnade de la droite. Une forte fusillade de tirailleurs sera engagée par la division Morand et par les divisions du vice-roi, aussitôt qu'ils verront l'attaque de droite commencée.

» Le vice-roi s'emparera du village[1], débouchera par ses trois ponts sur la hauteur, dans le temps que les généraux Morand et Gérard déboucheront, sous les ordres du vice-roi, pour s'emparer de la redoute de l'ennemi et former la ligne de l'armée.

» Le tout se fera avec ordre et méthode, et en ayant soin de tenir toujours une grande quantité de réserves. »

Cet ordre, dont le style n'est pas bien clair, paraîtra très embrouillé à quiconque manquera de vénération religieuse

1. Borodino.

pour le génie de Napoléon, au point de se permettre d'analyser ses ordres. Celui-ci renferme quatre dispositions dont pas une ne fut exécutée parce qu'elles n'étaient pas exécutables.

La première disposition consiste en ceci : *les batteries élevées sur la place choisie par Napoléon avec les bouches à feu de Pernetty et de Fouché viendront se placer en ligne, en tout 102 engins, elles ouvriront le feu et couvriront de boulets les flèches et les redoutes des Russes.*

Cette disposition ne pouvait pas être suivie, car de la place choisie par Napoléon les boulets n'atteignaient pas les retranchements des Russes, et ces 102 canons auraient tonné en vain jusqu'au moment où le commandant qui se serait trouvé le plus rapproché les aurait fait avancer contrairement à l'ordre de Napoléon.

Voici la seconde disposition : *Poniatowski se portera du village vers la forêt et tournera l'aile gauche des Russes.* Cette disposition ne pouvait être exécutée non plus, parce que Poniatowski en se dirigeant vers la forêt a trouvé sur sa route Toutchkoff qui lui a barré le chemin, et il n'a pu tourner la position des Russes.

La troisième disposition porte que *le général Campan longera la forêt pour enlever la première redoute.*

La division du général Campan n'a pas pris la première redoute parce qu'elle fut repoussée ; en sortant de la forêt elle fut contrainte de se masser sous le feu des Russes, ce que Napoléon n'avait pas prévu.

La quatrième disposition est comme suit : *Le vice-roi s'emparera du village* (Borodino) *et débouchera, par ses trois ponts, sur la hauteur, dans le temps où les généraux Morand et Gérard* (dont on ne dit ni où ni quand ils doivent aller) *déboucheront sous les ordres du vice-roi pour s'emparer de la redoute de l'ennemi et former la ligne de l'armée.*

Autant qu'il est possible de le comprendre, en s'appuyant plutôt sur les tentatives que fit le vice-roi pour exécuter les ordres reçus, que sur cette phrase embrouillée, on voit qu'il devait marcher par Borodino à gauche sur la redoute, et que les divisions de Morand et de Gérard devaient en même temps avancer de front.

Cette disposition comme toutes les autres n'a point été exécutée parce qu'elle n'était pas susceptible de l'être.

Lorsqu'il eut dépassé Borodino le vice-roi fut repoussé sur la Kolotcha et se vit dans l'impossibilité d'avancer ;

les divisions de Morand et de Gérard ne s'emparèrent pas des redoutes mais furent repoussées ; la redoute fut enlevée par la cavalerie à la fin de la bataille (possibilité que Napoléon n'avait pas prévue).

Ainsi nous voyons que pas une des dispositions de l'ordre ne fut exécutée.

Cet ordre porte encore que pendant la bataille les commandants recevront des instructions réglées sur les mouvements de l'ennemi; on pourrait en conclure que Napoléon prit pendant la bataille toutes les dispositions nécessaires. Il n'en fut rien. Il se tenait à une telle distance du lieu de l'engagement que la marche de la bataille ne pouvait pas même lui être connue, comme, d'ailleurs, les faits l'ont prouvé.

IV

DU ROLE QU'A JOUÉ LA VOLONTÉ DE NAPOLÉON DANS LA BATAILLE DE BORODINO

Plusieurs historiens ont assuré que si les Français n'ont pas gagné la bataille de Borodino, c'est que Napoléon avait un rhume de cerveau; sans ce rhume ses dispositions avant et pendant la bataille auraient manifesté encore plus de génie, la Russie eût été perdue, *et la face du monde aurait été changée.*

Les historiens qui admettent que la

Russie s'est formée par la volonté d'un seul homme, Pierre-le-Grand, qui croient que la France a passé de la République à l'Empire et qu'elle a envoyé ses armées en Russie par la volonté d'un seul homme, celle de Napoléon, n'hésiteront pas à reconnaître que la Russie est restée puissante après cette bataille parce que Napoléon avait un grand rhume de cerveau le 7 septembre, et ils seront très conséquents.

En effet, s'il a dépendu de la volonté de Napoléon de livrer ou de ne pas livrer la bataille de Borodino, de prendre ou de ne pas prendre telle disposition, il est évident que le rhume de cerveau, qui a eu une influence sur la manifestation de sa volonté, pouvait devenir la cause du salut de la Russie, et que le valet qui a oublié le 5 septembre 1812 de donner à Napoléon des bottes imperméables, a été le véritable sauveur de la Russie. Une fois entré dans ce courant d'idées, cette déduction est inévitable — aussi inévitable que la déduction que faisait en plaisantant Voltaire lorsqu'il assurait que la nuit de la Saint-Barthélemy est due à un dérangement d'estomac de Charles IX.

Mais pour tous ceux qui refusent d'admettre que la Russie ait été formée par la volonté d'un seul homme, Pierre Ier, que l'Empire français ait surgi à l'appel d'un seul homme et que la campagne de Russie ait été entreprise par la volonté de ce seul homme, Napoléon, ce raisonnement paraîtra non seulement faux et déraisonnable, mais contraire à l'essence des actions humaines. Pour eux la réponse à cette question — quelle est la cause des événements historiques? — est tout autre.

Ils croient que la marche des événements est fatale, qu'elle résulte de la convergence des volontés des hommes qui participent à ces événements, et pensent que l'influence des Napoléons sur la marche de ces événements n'est qu'extérieure et fictive.

Celui qui affirmera que la nuit de la Saint-Barthélemy n'a pas été l'œuvre de Charles IX, bien que celui-ci ait donné l'ordre d'accomplir ces massacres et qu'il ait le sentiment que c'est lui qui les a ordonnés, celui-là aura l'air de lancer un paradoxe. Celui qui affirmera que la bataille de Borodino, qui a coûté la vie à quatre-vingt mille hommes, n'est pas l'œuvre de Napoléon, bien qu'il ait donné l'ordre de commencer la bataille et qu'il l'ait dirigée, aura l'air d'avancer une assertion non moins paradoxale, — cependant le sentiment de la dignité humaine, qui me dit que chacun de nous, s'il n'est pas plus homme que Napoléon-le-Grand, ne l'est en tout cas pas moins que lui, me dicte cette solution du problème que l'étude de l'histoire justifie par une multitude de faits.

Dans la bataille de Borodino, Napoléon n'a tiré sur personne et n'a tué personne. Ce devoir a été rempli par les soldats. Ce n'est donc pas lui qui a tué.

Ces soldats de l'armée française en allant à la bataille de Borodino pour tuer les soldats russes, obéissaient non aux ordres de Napoléon mais à leur propre impulsion. Toute l'armée composée de Français, d'Italiens, d'Allemands, de Polonais, tous affamés, en haillons, exténués par la campagne, sentaient à la vue de l'armée russe qui leur barrait le chemin de Moscou, que le vin était tiré et qu'il fallait le boire. Si Napoléon à ce moment leur avait défendu de combattre les Russes, ils l'auraient tué, lui, et se seraient battus avec les Russes, car la lutte leur était devenue nécessaire.

Lorsqu'ils écoutaient les proclamations de Napoléon qui, en échange de leurs blessures ou de la mort, leur offrait en consolation l'hommage de la postérité, qui les nommerait parmi les braves qui s'étaient battus pendant la campagne de Moscou, ils criaient « Vive l'Empereur ! » comme ils avaient crié « Vive l'Empereur » à la vue de l'enfant qui portait le globe terrestre au bout d'un bâton de bilboquet ; et ils auraient répondu par le même vivat à n'importe quelle bêtise qu'on leur eût débitée. Il ne leur restait rien de mieux à faire que de crier « Vive l'Empereur » et d'aller se battre pour trouver à Moscou les vivres et le repos de la victoire. Ce n'est donc pas par ordre de Napoléon qu'ils allaient tuer leurs semblables.

Ce n'est pas non plus Napoléon qui a dirigé la marche de la bataille, car de tout son plan rien n'a été exécuté, et pendant l'engagement il ne savait pas ce qui se passait sous ses yeux.

Ainsi donc la manière dont ces hommes s'y prenaient pour s'entretuer est restée en dehors de l'action de sa volonté et indépendante de lui, parce qu'elle était déterminée par la volonté des milliers d'hommes qui ont pris part à cette œuvre commune. *Seulement il semblait* à Napoléon que sa volonté faisait tout agir.

Voilà aussi pourquoi cette question : Napoléon a-t-il eu ou non un rhume de cerveau ? n'a pas plus d'importance pour l'historien que le rhume de cerveau du dernier des soldats de train.

Le fait que Napoléon était enrhumé le 7 septembre est d'autant plus insignifiant, qu'il est facile de prouver la fausseté des assertions émises par les écrivains qui prétendent que, grâce à ce rhume de cerveau, les dispositions et les ordres de Napoléon ont été moins habiles en ce qui concerne cette bataille, que dans les précédentes.

Le plan que nous avons donné plus haut n'est en rien inférieur à ceux des campagnes précédentes qui ont fait remporter la victoire, il leur est même supérieur. Les combinaisons fictives qui se sont produites pendant cette bataille n'étaient pas non plus inférieures à celles des précédentes, elles étaient absolument identiques comme valeur. Mais les dispositions et les combinaisons semblent moins heureuses parce que la bataille de Borodino est la première que Napoléon n'ait pas gagnée. Le meilleur plan et les combinaisons les plus profondes du monde semblent très mauvais quand ils n'ont pas assuré la victoire, et le premier militaire venu sait prendre un air important pour les critiquer; au contraire, les plans et les combinaisons les plus faibles paraissent excellents lorsqu'ils ont été couronnés de succès, et des hommes sérieux consacreront des volumes entiers à démontrer leur supériorité.

Le plan que Weirother a proposé pour la bataille d'Austerlitz était un modèle du genre, mais il fut condamné par sa perfection même à cause de la surabondance des détails.

Napoléon à la bataille de Borodino a rempli son rôle de représentant du pouvoir aussi bien et encore mieux que dans les autres batailles. Il n'a rien fait qui aurait pu nuire au succès de la journée; il accepta les opinions les plus raisonnables; il n'embrouillait pas les ordres, il ne se contredisait pas, il fut exempt de faiblesse, il n'abandonna pas le champ de bataille, mais avec tout son tact et sa grande expérience de la guerre il n'a fait que remplir avec calme et dignité son rôle de commandant fictif.

V

LA RETRAITE AUX FILY

Les forces réunies de *vingt nations de l'Europe* sont entrées en Russie; l'armée russe et les habitants reculent en évitant l'ennemi jusqu'à Smolensk, et de Smolensk jusqu'à Borodino. L'armée française avec une rapidité toujours croissante avance sur Moscou, le but de sa marche.

La célérité de sa course augmente à mesure qu'elle approche du but, comme la vitesse d'un corps qui tombe grandit à mesure qu'il approche de la terre. Cette armée laisse derrière elle des milliers de kilomètres de pays ennemi entièrement dévasté; devant elle, — à quelques dizaines de kilomètres se trouve le but auquel tendent tous ses efforts. Chaque soldat de l'armée de Napoléon sent qu'il touche au but, et l'armée avance d'elle-même entraînée par la force même de l'impulsion.

Dans l'armée russe un esprit de fureur s'allume contre l'ennemi et s'enflamme de plus en plus à mesure qu'elle bat en retraite.

A Borodino, rencontre des deux armées.

Ni l'une ni l'autre ne se disperse, mais immédiatement après le choc l'armée russe recule aussi fatalement que reculerait une boule heurtant une autre boule qui se dirigerait sur elle avec une grande rapidité. En même temps la boule de l'invasion roule non moins fatalement à une certaine distance en avant, quoique la force de l'impulsion ait été diminuée par le choc.

Les Russes se retirent à 120 kilomètres au-delà de Moscou, les Français atteignent cette ville et y font halte.

Pendant les cinq semaines qui suivent aucune bataille n'est livrée. Les Français ne donnent pas signe de vie.

Semblable à un fauve blessé à mort qui lèche le sang qui coule de ses blessures, l'armée française reste pendant cinq semaines à Moscou sans rien entreprendre, lorsque tout à coup, sans autre raison, elle court en arrière, s'élance sur la route de Kalouga, et bien que le champ de bataille de Malo-Yaroslavetz reste en son pouvoir, en dépit de cette victoire, elle court encore plus fort en arrière sur Smolensk, sans accepter aucune bataille sérieuse, puis de Smolensk rétrograde à Vilna, à Bérésina et toujours plus loin.

Le soir du 7 septembre, Koutouzoff et l'armée russe tout entière étaient convaincus que la bataille avait été gagnée. Koutouzoff fit même un rapport dans ce sens au tzar Alexandre Ier.

Koutouzoff avait donné l'ordre de se préparer à une nouvelle bataille pour en finir avec l'ennemi, non point dans l'intention d'induire en erreur qui que ce fût, mais parce qu'il savait que l'ennemi était vaincu, comme les avaient également tous ceux qui prirent part à cette bataille.

Mais dès le soir même et toute la journée du lendemain commencèrent à arriver des nouvelles sur les pertes inouïes qu'avait essuyées l'armée, elle se trouvait réduite de moitié, et une nouvelle bataille devenait physiquement impossible.

Comment livrer une nouvelle bataille avant d'avoir pu recueillir tous les renseignements, lorsque les blessés n'étaient pas encore relevés, les morts pas encore comptés, les engins brisés, que les chefs tués n'étaient point remplacés et que les hommes n'avaient ni mangé ni dormi?

Pendant ce temps, l'armée française, après la bataille, mue par la force centrifuge de son mouvement augmenté en ce moment, à ce qu'il semble, en proportion inverse du carré des distances, se ruait d'elle-même sur les troupes russes.

Koutouzoff aurait voulu risquer une attaque le lendemain, et toute son armée le souhaitait également, mais il ne suffit pas pour attaquer d'en avoir le désir, il faut en avoir la possibilité, c'est cette possibilité qui manquait.

Il n'y avait pas moyen de s'empêcher de reculer d'abord à une journée de marche, puis à une seconde journée, enfin à une troisième, et lorsque le 13 septembre l'armée se trouva devant Moscou, bien que le moral des troupes fût relevé, la force des choses les obligea à reculer derrière Moscou. Elles accomplirent ce mouvement rétrograde et abandonnèrent Moscou à l'ennemi.

Pour les personnes qui s'imaginent que les capitaines tracent leurs plans de campagne et de bataille de la même manière, que chacun de nous tranquillement assis dans son cabinet devant une carte ouverte se livre à des combinaisons, en se demandant comment il s'y serait pris dans telle ou telle guerre, pour ces personnes, dis-je, se pose tout de suite cette question: pourquoi Koutouzoff en battant en retraite n'a-t-il pas pris une position avant d'atteindre les Fily, pourquoi n'a-t-il pas tout d'un temps reculé sur la route de Kalouga, laissant Moscou tout à fait de coté, et d'autres questions semblables...

C'est que ces personnes ne tiennent pas compte des conditions inévitables au milieu desquelles un commandant en chef doit agir, à moins qu'elles les ignorent tout à fait. Sa situation ne ressemble en rien à celle que nous lui prêtons, lorsque nous nous le figurons, comme nous, assis commodément dans son cabinet d'étude, analysant sa campagne sur la carte, avec tel nombre du côté de l'ennemi, manœuvrant dans un lieu déterminé et pendant un laps de temps déterminé.

Dès le commencement de l'action, le général en chef ne se trouve jamais au milieu des conditions dans lesquelles nous nous plaçons pour examiner le même événement, lorsque nous l'envisageons tranquillement depuis notre cabinet de travail. Le commandant en chef se trouve toujours au centre d'une série d'événements qui s'enchevêtrent et se suivent de telle sorte,qu'il n'a pas un seul instant la possibilité de saisir toute l'importance de l'événement qui se passe. L'événement reste invisible dans son ensemble, il se déroule d'heure en heure dans ses détails, et pendant toutes les phases de la succession ininterrompue de ces détails, le commandant en chef se trouve au centre du jeu le plus compliqué des intrigues mêlé aux soucis, aux responsabilités du pouvoir, aux projets, aux conseils, en butte aux menaces,aux tromperies de toute sorte, et dans la nécessité de répondre à des questions sans nombre et le plus souvent contradictoires.

Les savants militaires nous disent avec le plus grand sérieux que Koutouzoff aurait dû conduire ses troupes sur la route de Kalouga avant la retraite sur les Fily, et même que ce projet lui avait été proposé. Ils oublient que dans les moments critiques un commandant en chef n'a pas un seul projet à examiner, mais qu'on lui en soumet par dizaines et tous à la fois. Tous ces plans fondés sur la stratégie et la tactique se contredisent mutuellement.

Il semblerait que le rôle du commandant en chef consisterait à porter son choix sur l'un de ces projets, mais il n'a pas même le loisir de les comparer et de décider entre eux. Les événements n'attendent pas.

Supposons que le 10 septembre on soit venu proposer à Koutouzoff de passer par la route de Kalouga, mais au même moment arrive au galop un adjudant de Miloradovitch qui lui demande s'il faut commencer un engagement avec les Français ou reculer. Il attend une réponse sur-le-champ. Cette proposition de reculer détourne Koutouzoff des plans de retraite par Kalouga.

Mais voici qu'à la suite de l'adjudant arrive l'intendant pour demander où il faut transporter les vivres, puis le chef des ambulances vient demander où il doit conduire les blessés, enfin un courrier de Saint-Pétersbourg apporte une missive du tzar qui n'admet pas la possibilité d'abandonner Moscou.

Pendant ce temps le rival du commandant en chef — et il y en a toujours plus d'un pour miner le terrain sous lui — présente un nouveau projet diamétralement opposé à celui de la retraite par la route de Kalouga. Cependant le commandant en chef est à bout de forces, il lui faut à tout prix du sommeil et du repos. Cela n'empêche pas le général qu'on a oublié de décorer de venir se plaindre et les habitants d'implorer sa protection; l'officier envoyé pour reconnaître la place revient avec un rapport qui dit juste le contraire de celui de l'officier qui l'a précédé dans cet office; l'espion, un pauvre captif, a une autre version, et le général qui a fait la reconnaissance une troisième; tous décrivent différemment la situation de l'armée ennemie.

Les gens, qui se sont habitués à ne pas tenir compte de ces conditions inévitables auxquelles l'action du commandant en chef est assujettie, nous représenteront la situation de l'armée aux Fily, par exemple, et partiront de l'idée que le commandant en chef était à même le 13 septembre de débattre en toute liberté la question de l'abandon ou de la défense de Moscou, tandis que dans la situation de l'armée russe à 5 verstes de Moscou, cette question ne pouvait même pas se poser.

Quand douc cette question fut-elle résolue?

Elle le fut à Drissa, à Smolensk, et plus ostensiblement le 5 septembre à Chevardino, le 7 à Borodino et chaque jour, à chaque heure et à chaque minute de la retraite de Borodino aux Fily.

VI

MOSCOU ABANDONNÉE PAR SES HABITANTS

L'abandon de Moscou et l'incendie de cette ville étaient aussi inévitables que la retraite de l'armée derrière Moscou après la bataille de Borodino, sans autre rencontre avec l'ennemi.

Tout Russe aurait pu prédire les événements qui ont suivi, non d'après des raisonnements logiques, mais éclairé par le sentiment patriotique qui se trouve dans le cœur de tous les Russes et qui animait tous ceux qui ont assisté à ce drame.

La preuve en est que les faits qui se sont passés à Moscou se sont produits spontanément, depuis Smolensk, dans toutes les villes et les villages, sans être inspirés par les avis du comte Rostopchine et par ses proclamations. Le peuple attendait avec insouciance l'ennemi ; il ne s'agitait pas, ne se révoltait pas, ne mettait personne en pièces, mais attendait son sort avec calme, se sentant la force de trouver dans le moment critique ce qu'il restait à faire. A mesure que l'ennemi se rapprochait la partie riche de la population s'en allait, abandonnait ses biens, les pauvres restaient pour incendier et détruire tout ce qu'ils laissaient derrière eux.

La conscience que les choses ne pouvaient se passer autrément a toujours existé et subsiste encore dans l'âme russe. La conscience, je dirai plus, le pressentiment que Moscou serait prise par l'ennemi régnait dans la société moscovite de 1812.

Ceux qui commencèrent à déserter l'ancienne capitale de la Russie dès le mois de juillet et au commencement du mois d'août prouvèrent ainsi qu'ils prévoyaient les événements.

Ceux qui partaient, emportant ce qu'ils pouvaient prendre avec eux, abandonnant leurs maisons et la moitié de leurs biens, agissaient ainsi sous l'inspiration de ce patriotisme « latent » qui ne se manifeste ni par des phrases, ni par le sacrifice de ses enfants au salut de la patrie, ni par d'autres actions semblables et hors de nature, mais par ce patriotisme qui se produit imperceptiblement, simplement, organiquement et pour cette raison aboutit aux plus grands résultats.

On leur criait de toutes parts :

— Il est honteux de fuir le danger, il n'y a que les poltrons qui abandonnent Moscou !

Rostopchine déclarait dans ses proclamations que quitter Moscou était une honte.

Et ceux qui s'éloignaient avaient honte de s'entendre traiter de poltrons, ils avaient honte de s'en aller et partaient quand même, car ils sentaient qu'il n'y avait pas autre chose à faire en ce moment.

Pourquoi s'enfuyaient-ils ? Il n'est pas possible de croire que Rostopchine les ait effrayés par le récit des atrocités que Napoléon avaient accomplies dans des villes vaincues. Les personnes qui donnèrent le signal de la désertion étaient des gens riches, instruits, qui savaient fort bien que Vienne et Berlin étaient restés intacts, et que pendant l'occupation française, les habitants de ces villes passaient gaiement leur temps avec les adorables Français que les Russes, surtout les dames, aimaient tant à cette époque.

Ils abandonnaient Moscou parce que des Russes ne pouvaient pas se demander s'ils seraient bien ou mal sous la domination française à Moscou. Il ne pouvait y avoir aucun doute là-dessus; il était impossible de rester sous la domination de l'ennemi. C'était le pire des malheurs.

Ils partaient déjà avant Borodino et encore plus vite après, en restant sourds aux appels de Rostoptchine qui les suppliait de rester pour défendre la ville, sourds à ses invitations d'aller combattre les Français sous l'égide de l'icône de la Mère de Dieu d'Yver, indifférents à ses ballons qui devaient détruire Napoléon, et à tout ce fatras qui remplissait ses proclamations.

Ceux qui s'enfuyaient savaient que l'armée devait faire son devoir, et que, dans le cas où elle ne serait pas victorieuse, ce ne seraient pas eux, avec leurs jeunes filles et leurs valets qui pourraient combattre Napoléon, il ne leur restait donc qu'à partir malgré leur regret de laisser perdre leurs biens.

Ils partaient sans se rendre compte de ce qu'il y avait de grandiose dans le spectacle de cette vaste et riche capitale abandonnée par ses habitants et livrée ainsi en victime aux flammes, car une grande ville construite en bois et désertée par ses habitants était fatalement destinée à brûler.

Ils sont partis chacun pour soi, et cependant c'est par eux que fut accompli l'événement grandiose, qui sera toujours la plus grande gloire du peuple russe.

Cette grande dame russe qui, dès le mois de juin, s'enfuit de Moscou à Saratoff, emmenant ses négrillons et ses bouffonnes, éprouvant un vague sentiment qu'elle ne voulait pas servir Bonaparte et la crainte d'être arrêtée en route par l'ordre de Rostoptchine, cette dame accomplissait simplement et en toute sincérité l'œuvre qui a sauvé la Russie.

Quant au comte Rostoptchine, tantôt il couvrait de honte ceux qui désertaient Moscou, tantôt il faisait lui-même évacuer les bureaux des administrations; tantôt il donnait des armes qui ne valaient rien à un ramassis d'ivrognes;

tantôt il faisait promener les icônes dans la ville, tantôt il défendait à l'archevêque Augustin d'emporter les reliques et les saintes images; tantôt il mettait en réquisition toutes les voitures privées, tantôt il transportait sur 136 chars le ballon préparé par Lepic; tantôt il faisait pressentir son intention d'incendier Moscou, tantôt il déclarait qu'il avait de ses propres mains mis le feu à sa maison, et en même temps il envoyait une proclamation aux Français pour reprocher solennellement à Napoléon d'avoir ruiné l'orphelinat; tantôt il se faisait une gloire de l'incendie de Moscou et tantôt il le reniait, tantôt il ordonnait au peuple de saisir tous les espions et de les lui amener, tantôt il laissait en paix à Moscou Mme Oborchalemot, qui était le centre de toute la société française de cette ville, et sans raison aucune donnait l'ordre de déporter le vieux et respectable directeur des postes Klioutchareff; tantôt il convoquait le peuple aux Trois-Montagnes pour combattre les Français, tantôt pour se débarrasser de ce peuple il lui livrait le malheureux Veretchaghine pour qu'il le massacrât, et se dérobait lui-même par une des portes de derrière ; tantôt il disait qu'il ne survivrait pas aux désastres de Moscou, tantôt il écrivait dans des albums des vers français dans ce goût pour célébrer sa conduite à Moscou :

« Je suis né tartare,
Je voulais être Romain ;
Les Français m'appelleront barbare,
Les Russes Georges Dandin... »

Cet homme ne comprenait pas non plus la portée des événements qui allaient se passer ; il voulait seulement faire quelque chose, étonner quelqu'un, accomplir un acte d'héroïsme patriotique, et en effet, il jouait comme un enfant avec ce grandiose et fatal événement de l'abandon et de l'incendie de Moscou, et de sa faible main s'efforçait tantôt de soulever, tantôt de contenir l'énorme vague populaire qui l'entraînait.

VII

L'INCENDIE DE MOSCOU

Les Français attribuèrent l'incendie de Moscou *au patriotisme féroce de Rostoptchine;* les Russes l'attribuèrent à la *sauvagerie des Français.* Mais en réalité l'incendie de Moscou n'a point eu pour cause un ou plusieurs personnages qu'on pourrait indiquer.

Moscou a brûlé parce que cette cité se trouvait dans des conditions où une ville en bois devait nécessairement brûler, sans même tenir compte du fait que Moscou ne possédait que 130 pompes lesquelles fonctionnaient à peine, ou point du tout.

Moscou, par l'absence de ses habitants, était voué aux flammes; cet incendie était inévitable, comme un tas de copeaux sur lequel on aurait laissé pendant plusieurs jours tomber des étincelles, devrait fatalement prendre feu.

Une ville en bois où il y avait des incendies presque tous les jours en été, malgré la police qui faisait la garde et les propriétaires qui veillaient sur leurs maisons, ne pouvait pas autrement que de brûler, lorsque les habitants furent remplacés par des troupes de soldats qui fumaient leurs pipes, et qui, sur la place du sénat, formaient des bûchers avec les chaises des sénateurs et deux fois par jour y faisaient cuire leurs repas.

Même en temps de paix, lorsque des troupes viennent prendre leurs quartiers dans des villages, dans n'importe quel pays, le nombre des incendies se multipliera tout de suite en cet endroit. A plus forte raison quelles doivent être les chances d'incendie dans une ville déserte, construite en bois et occupée par une armée étrangère !

Le patriotisme féroce de Rostoptchine et la *sauvagerie des Français* ne sont pour rien dans cet événement : l'incendie de Moscou est dû aux pipes, à la cuisine, aux bûchers, et surtout à la négligence des soldats ennemis et provient de ce que les habitants ont été remplacés par des étrangers.

Si même il y a eu des incendiaires, ce qui est fort douteux, car personne n'avait aucune raison de risquer sa vie inutilement, mais lors même qu'il y en aurait eu on ne pourrait pas les considérer comme la cause de l'incendie, car il aurait eu lieu sans cela.

Les Français ont beau accuser le *patriotisme féroce de Rostoptchine* et les Russes, de leur côté, ont beau jeter la faute d'abord sur le malfaiteur Bonaparte, pour mettre ensuite la torche héroïque entre les mains du peuple, on est forcé de reconnaître qu'aucune de ces causes n'a véritablement existé. Moscou devait brûler comme brûleront fatalement le village, l'usine ou la maison abandonnés par leurs occupants légitimes, et où l'étranger pourra entrer en maître, s'installer et faire sa cuisine.

On peut dire en toute vérité que Moscou a été incendiée par ses habitants, seulement elle ne l'a pas été par ceux qui sont restés, mais par ceux qui sont partis.

En effet, Moscou occupée par l'ennemi n'est pas restée debout comme Berlin, Vienne et d'autres capitales, parce que ses habitants ne sont pas allés au-devant des Français en leur portant du pain et du sel avec les clés de la ville, ils ont préféré abandonner leurs maisons à l'ennemi.

VIII

LA MARCHE DE FLANC

Après la bataille de Borodino, l'occupation et l'incendie de Moscou, l'épisode le plus important de cette campagne, tout le monde est unanime à le reconnaître, est le mouvement de l'armée russe qui quitte la route de Riazan pour se diriger par celle de Kalouga vers le camp de Taroutino — en un mot la marche de flanc au-delà de la Krasnaïa Pakhra.

Les historiens attribuent la gloire de ce mouvement, qui est un trait de génie, à différents personnages et ne sont pas d'accord sur le nom de celui à qui revient légitimement cette gloire. Les historiens étrangers, même les Français, en parlant de cette marche de flanc, rendent hommage au génie des chefs de l'armée russe.

Mais pourquoi les narrateurs de batailles et, à leur suite, tous les historiens, pensent-ils que ce mouvement de flanc est l'invention ingénieuse d'une seule personne, qui a ainsi sauvé la Russie et tué Napoléon? C'est ce que je ne peux m'expliquer.

D'abord il est difficile de comprendre pourquoi ce mouvement semble révéler chez celui qui l'aurait conçu la pénétration du génie, car deviner que la meilleure position pour une armée qui n'est pas attaquée, c'est la place où il y aura le plus d'approvisionnements, ne demande pas un grand effort intellectuel. Un enfant de treize ans pourrait sans peine deviner qu'en 1812 la meilleure position pour l'armée russe, après la retraite de Moscou, se trouvait sur la route de Kalouga.

Mais ce qui est encore plus difficile à saisir, c'est la raison pour laquelle les historiens voient dans cette manœuvre le salut de la Russie et la perte des Français ; car, si ce même mouvement s'était accompli dans d'autres conditions, il aurait pu être désastreux pour les Russes et salutaire aux Français.

Lors même que la situation de l'armée russe s'est améliorée dès que ce mouvement s'est produit, on n'est pas encore en droit de conclure que ce mouvement est cause de cette amélioration.

Non seulement ce mouvement aurait pu n'être d'aucun avantage pour les Russes, mais dans d'autres conditions il aurait pu leur devenir fatal.

Que se serait-il passé si Moscou n'avait pas brûlé ? si Napoléon avait pris l'offensive, au lieu de rester dans l'inaction ?

Si l'armée russe avait suivi le conseil de Bennigsen et de Barclay et s'était décidée à livrer bataille à Krasnaïa Pakhra?

Que serait-il advenu si les Français avaient attaqué les Russes quand ils marchaient derrière Pakhra ?

Quelle tournure auraient pris les événements, si Napoléon après s'être approché de Taroutino avait attaqué les Russes, fût-ce avec la dixième partie de l'énergie qu'il a déployée contre eux à Smolensk?

Enfin, si les Français s'étaient dirigés sur Saint-Pétersbourg que serait-il arrivé ?...

Dans toutes ces éventualités la marche de flanc,au lieu d'être le salut de la Russie, serait devenue une source de désastres.

Mais la chose la plus incompréhensible est encore le parti-pris des historiens qui ne veulent pas reconnaître qu'il est impossible d'attribuer l'idée de la marche de flanc à une personne quelconque, parce que personne ne l'a jamais prévue, et que cette manœuvre, ainsi que la retraite sur les Fily, n'a pu se présenter à personne dans toute son intégralité, mais petit à petit, instant par instant, un événement après l'autre. Elle résulte d'une multitude d'éventualités les plus diverses, et ne s'est manifestée clairement dans toute son intégralité que lorsqu'elle a été consommée, que lorsqu'elle est devenue un fait accompli.

Dans le conseil que les commandants russes tinrent aux Fily, ils opinèrent pour la retraite en ligne droite par la route de Nijni-Novgorod, direction qui s'imposait d'elle-même. La majorité des voix s'exprima dans ce sens. Mais Lanski, chargé du soin des approvisionnements, fit savoir au commandant en chef, que les vivres pour l'armée russe étaient concentrés principalement dans les gouvernements de Toula et de Kalouga, et que si l'armée battait en retraite sur Nijni-Novgorod, elle aurait entre elle et ses approvisionnements toute la largeur de la grande rivière de l'Oka, et comme on entrait dans l'hiver le transport des vivres deviendrait impraticable.

Ce fut le premier signe de la nécessité qui s'imposait à l'armée de renoncer à la retraite en ligne directe, qui, au premier abord, avait semblé si naturelle.

L'armée se dirigea plus au sud, sur la route de Riazan, pour se rapprocher de ses approvisionnements.

Ensuite l'inaction des Français, qui avaient même perdu de vue l'armée russe, l'obligation de protéger la manufacture d'armes de Toula, et surtout l'avantage de se trouver à proximité des vivres, toutes ces considérations déterminèrent l'armée russe à marcher toujours plus au sud, sur la route de Toula.

Enfin, après avoir passé au-delà de Pakhra et s'être engagés sur la route de Toula, les chefs de l'armée pensèrent faire halte à Podolsk et ne songeaient point du tout à prendre position à Taroutino. Diverses circonstances, entre autres l'apparition de l'armée française, des projets de batailles, et surtout l'abondance des approvisionnements amassés à Kalouga, obligèrent l'armée russe à marcher toujours plus au sud, et au milieu de sa route à passer de la direction de Toula sur celle de Kalouga vers Taroutino.

De même qu'il est impossible de donner une réponse déterminée à cette question : quand est-ce que Moscou a été abandonnée ? il est impossible de dire qui a décidé de passer à Taroutino.

Ce n'est que lorsque les troupes après une foule de circonstances imprévues sont arrivées à Taroutino, que certains personnages ont commencé à se persuader que les choses se sont passées ainsi parce qu'ils l'ont voulu, et que depuis longtemps ils avaient deviné la marche des événements.

La célèbre marche de flanc consiste tout simplement en ceci : l'armée russe rétrogradant dans une ligne directe opposée à la marche de l'invasion, du moment que l'ennemi s'est arrêté sur un point, s'est détournée de sa direction première et, ne se voyant plus poursuivie, s'est tout naturellement tirée du côté où l'attirait l'abondance des vivres.

Supposons une armée russe sans un chef à sa tête, cette armée n'aurait pu faire autrement que d'exécuter le mouvement de retour vers Moscou, en décrivant un arc du côté où il y avait le plus d'approvisionnements et où le pays était le plus riche.

Ce passage de la route de Nijni à celle de Riazan, Toula et Kalouga était si naturel, que les maraudeurs de l'armée russe se sauvèrent dans la même direction, et c'est toujours sur cette même ligne que Koutouzoff reçut de Saint-Pétersbourg l'ordre de conduire ses troupes.

Arrivé à Taroutino Koutouzoff fut blâmé d'avoir conduit son armée par la route de Riazan ; en même temps on lui indiquait la position qu'il occupait déjà en face de Kalouga, et c'est là qu'il reçut la lettre du tzar qui renfermait ces reproches non mérités.

L'armée russe, comme une boule lancée, roule dans la direction du choc qu'elle reçoit pendant toute la campagne et après la bataille de Borodino, et à mesure que la force de ce choc, qui n'est pas répété, diminue, elle prend la position qui lui est naturelle.

Le mérite de Koutouzoff n'est pas dans des manœuvres stratégiques de génie, mais il consiste en ce qu'il est le seul chef, dans cette campagne, qui ait compris la signification des événements qui se déroulaient.

Lui seul a compris ce que l'inaction de l'armée française voulait dire, et lui seul a persisté dans son affirmation que la bataille de Borodino était une victoire pour les Russes ; il est le seul qui ait employé toutes ses forces à contenir l'armée russe pour empêcher de nouvelles batailles qui eussent été inutiles, bien que dans sa situation de commandant en chef, il devait être plutôt disposé en faveur de la marche en avant.

IX

LA BATAILLE DE TAROUTINO

L'armée russe était dirigée d'un côté par Koutouzoff et son état-major, et de l'autre par l'empereur Alexandre Ier qui se trouvait à Saint-Pétersbourg.

Avant que la nouvelle de l'abandon de Moscou fût parvenue à Saint-Pétersbourg, le tzar avait fait un plan détaillé de la guerre, qui fut envoyé à Koutouzoff pour qu'il s'en inspirât. Bien que ce plan fût conçu dans la persuasion que Moscou était encore aux mains des Russes, il reçut l'approbation de l'état-major de Koutouzoff et fut accepté pour être suivi.

Cependant Koutouzoff écrivit à Saint-Pétersbourg qu'il était bien difficile d'exécuter un plan tracé à une pareille distance.

Pour toute réponse on envoya de nouvelles instructions de Saint-Pétersbourg, afin de résoudre les difficultés, et, en même temps, des censeurs chargés de veiller à ce que ces ordres fussent exécutés et de fournir des rapports.

En outre, l'état-major de l'armée russe subit un remaniement. Bagration fut tué et Barclay se retira blessé dans ses susceptibilités, il fallut remplacer ces deux généraux.

On discuta le plus sérieusement du monde s'il convenait de mettre M[r] A à la place de Mr B et Mr B à la place de Mr C, ou au contraire Mr B à la place de Mr C et Mr C à la place de Mr A. Comme si l'une ou l'autre de ces nominations pouvait avoir une influence quelconque sur la marche des événements, en dehors du plaisir qu'elle procurerait à Messieurs A, B, C...

Pendant ce temps, l'animosité qui régnait entre Koutouzoff et le chef de l'état-major, Bennigsen, la présence des censeurs du tzar et tous les changements survenus, favorisaient le jeu des partis qui devint plus fort que jamais.

Mr A minait le terrain sous les pieds de Messieurs B et C. par les combinaisons les plus variées et toutes les intrigues possibles.

L'objet de leurs intrigues était toujours cette même guerre qu'ils se flattaient de conduire, tandis que cette campagne marchait indépendamment d'eux dans la voie qu'elle devait suivre, c'est-à-dire sans jamais se conformer aux plans de ces messieurs, et en découlant de la réalité dans laquelle s'agitaient les masses mouvantes. Tous ces plans qui se croisaient et s'enchevêtraient représentaient uniquement dans les hautes sphères l'image fidèlement réfléchie de ce qui devait être accompli.

Le 14 octobre Alexandre Ier écrivit à Koutouzoff la lettre suivante que le général en chef reçut après la bataille de Taroutino.

« Prince Mikhail Ilarionovitch !

» Depuis le 14 septembre Moscou est entre les mains de l'ennemi. Vos derniers rapports datent du 2 octobre, et pendant tout ce temps non seulement rien n'a été fait pour délivrer la première capitale, mais d'après vos derniers rapports vous avez continué à reculer toujours plus. Serpoukhov est déjà occupé par l'ennemi, et Toula avec sa célèbre manufacture d'armes, si nécessaire à l'armée, est en danger.

» D'après le rapport du général Wintzengerode, je vois qu'un corps ennemi composé de 10 000 soldats se dirige sur la route de St-Pétersbourg; un autre corps de plusieurs milliers d'hommes marche sur Dmitrowo; un troisième avance sur la route de Wladimir; un quatrième. assez considérable, se trouve entre Rouza et Mojaisk, et Napoléon lui-même était le 7 octobre à Moscou...

» D'après ces renseignements, quand l'ennemi a éparpillé ses forces en des détachements considérables, que Napoléon lui-même est resté à Moscou avec sa garde, est-il possible que les forces de l'ennemi soient encore sérieuses et ne vous permettent pas de prendre l'offensive ? On peut supposer avec une probabilité presque certaine qu'il vous fait poursuivre de ses détachements ou, tout au plus, par un corps d'armée qui est beaucoup plus faible que l'armée qui vous a été confiée.

» Il semble que vous auriez pu profiter de ces circonstances pour attaquer avec avantage l'ennemi plus faible que vous et l'exterminer, ou tout au moins l'obliger à reculer en gardant entre vos mains la plus grande partie des gouvernements occupés maintenant par l'ennemi, et du même coup vous auriez pu conjurer le danger qui menace Toula et les autres villes de l'intérieur.

» C'est sur vous que retombera la responsabilité, si l'ennemi parvient à détacher un corps considérable pour le jeter sur Saint-Pétersbourg et menacer la capitale dans laquelle on n'a pas pu retenir beaucoup de troupes ; car, avec l'armée qui vous a été confiée, si vous agissez avec fermeté et activité, vous possédez tous les éléments nécessaires pour détourner de nouveaux malheurs.

» Rappelez-vous que vous devez encore vous justifier devant la patrie outragée par la perte de Moscou !

» Je vous ai déjà prouvé ma volonté de vous récompenser. Cette volonté ne faiblira pas en moi, mais Moi et la Russie nous sommes en droit d'attendre de vous tout le zèle, toute la fermeté et tous les succès que votre esprit, vos talents militaires et le courage des troupes que vous conduisez vous assurent. »

Mais pendant que cette lettre, où nous voyons que le véritable état des choses se reflétait déjà à Saint-Pétersbourg, était encore en route, Koutouzoff ne pouvant plus contenir l'armée qu'il commandait,et qui voulait prendre l'offensive, la bataille fut livrée.

Le 14 octobre, un cosaque, Chapovalov, en faisant sa patrouille abattit un lièvre d'un coup de fusil et en atteignit un second. Chapovalov entra dans la forêt à la poursuite de l'animal blessé et tomba ainsi sur le flanc gauche de l'armée de Murat, qui ne se tenait pas sur ses gardes.

De retour au camp, le cosaque raconta en riant, à ses camarades, qu'il avait failli rester entre les mains des Français. Le cornette ayant surpris cette confidence relata le fait à son commandant. Celui-ci fit venir le cosaque et l'interrogea.

Les chefs des cosaques voulurent profiter de cette occasion pour s'emparer des chevaux de l'ennemi, mais un d'entre eux qui était en relation avec des officiers de l'état-major communiqua ce fait au général de l'état-major.

A ce moment la situation était on ne peut plus tendue dans l'état-major.

Quelques jours auparavant, le général Ermolof était venu trouver Bennigsen pour l'implorer d'user de toute son influence sur Koutouzoff pour le décider à prendre l'offensive.

— Si je ne vous connaissais pas, répliqua Bennigsen, je croirais que vous me demandez une chose avec l'espoir de ne point l'obtenir ; je n'aurais qu'à donner un conseil à Koutouzoff pour qu'il fasse tout le contraire.

La nouvelle apportée par les cosaques ayant été confirmée par des patrouilles envoyées en reconnaissance, on vit que l'événement avait mûri tout à fait. La corde tendue rompit, l'horloge bourdonna et le carillon retentit.

En dépit de son pouvoir fictif, de tout son esprit, de son expérience, de sa connaissance des hommes, Koutouzoff tout en prenant en considération les rapports adressés au tzar par Bennigsen, le désir exprimé par le plus grand nombre des généraux, le désir qu'il soupçonnait chez le tzar lui-même, Koutouzoff, ayant toutes ces circonstances présentes à l'esprit et se voyant incapable de contenir plus longtemps un mouvement inévitable, donna l'ordre de commencer l'attaque qu'il croyait inutile et nuisible et consacra ainsi le fait accompli.

Le mémoire que Bennigsen adressa au tzar et les récits des cosaques qui s'étaient fourvoyés au milieu du flanc gauche de l'armée française, n'étaient que les derniers signes de cette nécessité, qui s'imposait chaque jour davantage, de donner l'ordre de commencer l'attaque. Les Russes prirent l'offensive le 17 octobre.

Le résultat de la bataille resta bien au-dessous de ce qu'on avait espéré et mécontenta tout le monde.

— C'est toujours ainsi que les choses se passent chez nous, toujours au rebours de ce qu'on attendait ! se disaient entre eux les officiers et les généraux russes après la bataille, comme ils le disent encore aujourd'hui pour donner à entendre qu'il y a là-dessous un imbécile qui contre-carre tous les efforts, tandis que « nous, nous aurions agi tout autrement. »

Mais ceux qui parlent ainsi ne comprennent pas ce que c'est que la guerre ou se trompent volontairement.

Chaque bataille — celle de Taroutino, de Borodino, d'Austerlitz — chaque bataille s'accomplit toujours tout autrement que ses instigateurs ne l'avaient supposé. C'est une condition essentielle de la guerre.

D'innombrables forces libres — car nulle part l'homme n'est plus libre que pendant la bataille où il s'agit pour chacun de la vie ou de la mort — ces forces libres influencent sur la direction de la bataille, qui ne peut pas être prévue et qui ne coïncide jamais avec la direction d'une seule force.

Quand plusieurs forces diverses agissent en même temps sur le même corps, la direction dans laquelle ce corps sera poussé ne sera jamais celle d'une de ces forces, mais elle suit la direction de la plus courte moyenne, ce qui se formule dans la mécanique par le diagonal du parallélogramme des forces.

Si dans les descriptions des historiens, surtout des historiens français, nous voyons toujours que les guerres et les batailles se sont accomplies d'après un plan tracé d'avance, la seule conclusion à laquelle ces historiens m'amènent est celle-ci : leurs descriptions ne sont pas fidèles.

La bataille de Taroutino n'a atteint ni le but que se proposait Toll : faire entrer les troupes dans l'action, en ordre, et conformément aux dispositions arrêtées, ni le but que se proposait le comte Orloff : faire Murat prisonnier, ni celui de Bennigsen et d'autres encore : exterminer d'un coup tout le corps d'armée ennemi, ni le but des officiers qui tenaient à tomber dans la mêlée pour se distinguer, ni celui du cosaque qui souhaitait plus de butin... etc... etc... etc...

Mais si le grand but de cette attaque était, ce qu'a donné le fait accompli, la réalisation du vœu de tous les Russes : chasser l'ennemi de la Russie et exterminer son armée, – alors il est évident que la bataille, à cause précisément de son incohérence, était justement la bataille nécessaire à cette période de la campagne.

Il est impossible de supposer à cette bataille une issue plus utile au but final de la campagne que celle qui a été obtenue.

Avec très peu d'efforts et très peu de pertes, malgré un grand désarroi, les Russes ont obtenu les résultats les plus sérieux qu'ils aient réalisés pendant toute la campagne : ils ont passé de la défensive à l'offensive, ils ont mis à nu la faiblesse des Français et donné ce choc que l'armée française attendait pour battre en retraite.

X

NAPOLÉON A MOSCOU

Napoléon entre à Moscou après la *brillante victoire de la Moscova;* il ne peut mettre en doute le succès de ses armes, puisque les Français sont restés maîtres du champ de bataille.

Les Russes reculent et livrent leur capitale. Moscou regorgeant de vivres, d'armes, de richesses innombrables tombe entre les mains de Napoléon.

L'armée russe, deux fois plus faible

que l'armée ennemie, reste un mois entier sans pouvoir prendre l'offensive.

La situation de Napoléon est des plus brillantes, et soit qu'il prenne le parti de tomber sur les débris de l'armée russe et de l'exterminer avec des forces deux fois supérieures ou qu'il se décide à demander une paix avantageuse, se réservant, si cette offre est repoussée, de tenter un mouvement offensif sur Saint-Pétersbourg, ou encore, qu'il se résigne, en cas d'insuccès, à retourner à Smolensk ou à Wilna ; ou même, qu'il se contente de conserver l'excellente position qu'il occupe, il me semble que pour s'arrêter à n'importe laquelle de ces combinaisons, pas n'était besoin d'un génie extraordinaire.

Il fallait tout bonnement prendre le parti le plus simple et le plus facile à exécuter : ne pas permettre à l'armée d'aller à la maraude, préparer les vêtements d'hiver, il y en avait à Moscou pour toute l'armée — et rassembler les vivres, qui, à ce qu'affirment les historiens français, se trouvaient en telle quantité, qu'ils auraient suffi à nourrir les troupes françaises pendant au moins six mois.

Eh bien! Napoléon, ce génie entre tous, et qui avait, à ce qu'assurent les historiens, un ascendant sans bornes sur toute l'armée, n'a rien fait de semblable.

Et non seulement il n'a rien fait de semblable, mais il a usé de tout son pouvoir pour imposer de tous les moyens d'action le plus stupide et le plus funeste.

De toutes les combinaisons entre lesquelles il pouvait choisir : passer l'hiver à Moscou, se diriger sur Nijni-Novgorod, revenir sur ses pas par le

Nord ou le Sud, en suivant le chemin qu'a pris Koutouzoff... On peut imaginer n'importe quel plan, il est impossible, je le répète, d'en trouver un plus stupide, plus funeste que celui auquel Napoléon s'est arrêté. Voici ce plan : rester jusqu'au mois d'octobre à Moscou en laissant ses soldats mettre la ville au pillage, puis après s'être demandé s'il laisserait une garnison derrière lui, sortir de Moscou, se rapprocher de Koutouzoff sans livrer bataille, marcher à droite jusqu'à Malo-Iaroslavetz, sans tenter la possibilité de se frayer uu chemin, enfin au lieu de prendre la route suivie par Koutouzoff rétrograder vers Mojaïsk par un chemin dévasté... Encore une fois, il est impossible de combiner un plan plus absurde, plus pernicieux pour l'armée, comme d'ailleurs les événements l'ont prouvé.

Je défie les plus habiles stratégistes d'inventer un autre plan qui eût aussi infailliblement conduit l'armée française à sa perte (indépendamment de toute action de l'armée russe) que celui auquel Napoléon s'est arrêté.

Oui, le génie de Napoléon a commis cette bévue. Mais dire que l'Empereur a fait périr son armée, parce qu'il souhaitait sa perte ou parce qu'il était fort stupide, serait aussi injuste et faux que de dire que Napoléon a pu conduire ses troupes jusqu'à Moscou, parce qu'il l'a voulu et parce qu'il était un génie.

Dans l'un comme dans l'autre cas, son action personnelle, qui n'avait pas plus de portée que l'action personnelle de tout autre soldat, ne faisait que coïncider avec les lois d'après lesquelles l'événement s'accomplissait.

Les événements postérieurs n'ayant pas donné raison à Napoléon, les historiens nous représentent ses forces intellectuelles comme ayant faibli à Moscou. Ces assertions sont erronées.

Napoléon a employé à Moscou toute sa puissance intellectuelle et toute sa science pour défendre de son mieux ses intérêts et ceux de son armée, comme il l'avait fait auparavant et comme il le fit depuis, en 1813. L'action de Bonaparte à cette époque de sa vie n'est pas moins remarquable qu'elle ne l'a été en Egypte, en Italie, en Autriche et en Prusse.

Nous ne savons pas assez exactement quel a été en réalité son génie en Egypte où « du haut des pyramides quarante siècles contemplaient sa grandeur », car tous ces grands exploits ont été relatés exclusivement par des historiens français.

Nous ne pouvons pas non plus apprécier fidèlement son action en Autriche et en Prusse, car dans ces deux pays nous devons puiser le récit de ses actes à des sources françaises ou allemandes; or, dans un pays où les corps d'armée se rendent sans coup férir, et les forteresses se rendent avant le siège, on doit être incliné à exalter le génie de Napoléon et à le donner comme l'explication unique de la campagne victorieuse qu'il a menée en Allemagne.

Mais nous, Russes, nous n'avons aucune raison de reconnaître le génie de Napoléon. Nous n'avons aucune honte à dissimuler. Nous avons payé chèrement le droit de considérer les faits en face et simplement, et nous ne céderons à personne ce droit!

La conduite de Napoléon à Moscou a été aussi étonnante qu'ailleurs. Depuis son entrée dans cette capitale il n'a cessé de donner ordre sur ordre et de faire plan après plan. L'absence des habitants et de députations, même l'incendie de la ville ne le troublaient point. Il n'oublie rien, ni l'intérêt de son armée, ni les actes de l'ennemi, ni le bien du peuple russe; ni l'administration des affaires de Paris, ni les combinaisons diplomatiques dans l'éventualité d'une paix possible.

Sous le rapport militaire Napoléon aussitôt entré à Moscou donne des ordres sévères au général Sébastiani pour observer les mouvements de l'armée russe; puis il expédie des troupes dans toutes les directions et ordonne à Murat de rencontrer Koutouzoff. En même temps il s'occupe de fortifier le Kremlin et de tracer sur toute la carte de Russie le plan d'une future campagne.

Sous le rapport diplomatique Napoléon fait paraître devant lui, le capitaine Iakovlev, qui avait été dépouillé et se trouvait dans le dénuement, sans savoir comment se sauver de Moscou ; Napoléon lui expose toute sa politique, lui fait sentir toute sa magnanimité, puis il écrit une lettre à l'empereur Alexandre, dans laquelle il confie à son frère et ami, que Rostoptchine s'est très mal conduit à Moscou, et il envoie le capitaine Iakovlev à Saint-Pétersbourg pour remettre cette missive à son souverain.

Napoléon étale les mêmes idées et la même magnanimité devant Toutolmine et envoie également ce vieillard à Saint-Pétersbourg pour entrer en pourparlers avec le tzar.

Sous le rapport juridique, aussitôt

après l'incendie, Napoléon donne l'ordre de rechercher les incendiaires et de les exécuter ; puis pour punir le malfaiteur Rostopchine il ordonne de mettre le feu à ses maisons.

Sous le rapport administratif, Napoléon octroie à Moscou la constitution, crée une municipalité et affiche la proclamation suivante :

« Habitants de Moscou !

» Vos misères sont grandes, mais sa majesté l'Empereur et le Roi veut mettre un terme à vos souffrances.

» Des exemples terribles vous ont appris comment il punit la désobéissance et le crime. Des mesures sévères ont été prises pour mettre fin aux désordres et faire renaître la sécurité générale.

» Une administration paternelle, composée d'hommes choisis parmi vous, formera votre municipalité. Le corps administratif aura soin de vous, de vos besoins, de vos intérêts.

» Les membres de cette municipalité se distingueront par une écharpe rouge, qu'ils porteront en sautoir; quant au maire il portera, outre l'écharpe, une ceinture blanche.]

» Mais en dehors de leur service, les membres de la municipalité n'auront qu'un brassard rouge au bras gauche.

» La police municipale est instituée conformément à l'ancien règlement, et grâce à sa vigilance il règne déjà un ordre meilleur.

» Le gouvernement a nommé deux commissaires généraux ou *policemeisters* et vingt commissaires ou *tchastni pristavs*, qu'on a établis dans tous les quartiers de la ville. Vous les reconnaîtrez au brassard blanc qu'ils portent au bras gauche.

» Plusieurs églises affectées à différents cultes sont ouvertes, et le service divin y est célébré sans obstacle.

» Vos concitoyens rentrent tous les jours dans leurs maisons, et on a donné des ordres pour qu'ils y trouvent l'aide et la protection dues au malheur.

» Tels sont les moyens par lesquels le gouvernement pense rétablir l'ordre et adoucir vos malheurs. Mais pour atteindre ce but il faut que vous joigniez vos efforts aux siens, que vous oubliiez, si c'est possible, les maux que vous avez endurés, que vous conserviez l'espoir d'un destin moins cruel, que vous soyez persuadés qu'une mort inévitable et infamante attend tous ceux qui attenteront à votre vie ou à votre propriété, et surtout que vous ne doutiez pas que vos biens vous seront conservés, car telle est la volonté du plus grand et du plus juste de tous les monarques.

» Soldats et habitants de quelque nation que vous soyez ! Rétablissez la confiance publique, cette source de bonheur de tout État, vivez en frères, aidez-vous et protégez-vous les uns les autres, soyez unis pour combattre les tentatives des criminels ; obéissez aux autorités militaires et municipales et bientôt vos larmes cesseront de couler. »

En ce qui concerne l'approvisionnement de l'armée, Napoléon donna l'ordre à ses troupes d'aller à tour de rôle à la maraude dans Moscou, afin de se procurer des vivres ; il pensait assurer ainsi du pain au soldat pour l'avenir,

En ce qui regarde la religion, Napoléon donna l'ordre de ramener les popes dans leurs églises et de rétablir le culte.

Quant au commerce et à l'approvisionnement de l'armée il fit afficher la proclamation suivante :

PROCLAMATION

« Vous paisibles habitants de Moscou, hommes de métiers et ouvriers que les malheurs ont décidés à fuir hors de cette ville, et vous agriculteurs dispersés, qu'une terreur sans fondement tient cachés dans les champs, écoutez !

» Le calme renaît dans la capitale, et l'ordre se rétablit. Vos compatriotes quittent sans crainte leurs abris, car ils savent qu'on les respecte.

» Toute violence exercée sur eux ou

au préjudice de leurs propriétés est punie sur-le-champ.

» Sa Majesté l'Empereur et le Roi les protège et ne compte pour ennemis parmi vous que ceux qui désobéissent à ses ordres.

» Il désire mettre un terme à vos malheurs et vous rendre à vos maisons et à vos familles.

» Répondez à ses intentions bienveillantes et venez à nous sans crainte.

» Habitants !

» Rentrez avec confiance dans vos demeures, vous trouverez vite le moyen de subsister.

» Hommes de métiers et ouvriers laborieux !

» Retournez à vos travaux : les maisons, les boutiques, les patrouilles vous attendent, et vous recevrez pour vos peines le salaire qui vous est dû.

» Et vous, enfin, paysans, sortez de vos forêts où vous vous êtes blottis de frayeur; rentrez sous peu dans vos *isbas* et soyez persuadés que vous trouverez en nous des protecteurs.

» On a créé dans la ville de vastes magasins où les paysans peuvent apporter le surplus de tous les produits de leurs terres.

» Pour assurer le libre écoulement de ces produits le gouvernement a pris les mesures suivantes.

» 1° Dès aujourd'hui les paysans, les agriculteurs et les autres habitants des environs de Moscou peuvent sans aucun danger apporter à Moscou leurs produits dans deux magasins établis à cet usage sur la rue *Mokhovaia* et dans l'*Okhotni riad*.

» 2° Ces produits leur seront achetés à des prix qui seront débattus entre le vendeur et l'acheteur ; mais si celui qui vend ne trouve pas le prix équitable, il a le droit de remporter sa marchandise et personne ne l'en empêchera.

» 3° En raison de quoi le dimanche, le mercredi, le mardi et le samedi de grands détachements de soldats seront disposés sur toutes les grandes routes pour protéger les chars et les chevaux des paysans.

» 4° Les mêmes mesures seront prises pour protéger la rentrée des paysans dans leurs villages.

» 5° Des mesures seront prises pour rétablir dans le plus bref délai possible les marchés ordinaires.

» Habitants de la ville et des villages, et vous hommes de métiers, ouvriers, à quelque nation que vous apparteniez !

» Nous vous engageons à vous conformer aux avis paternels de sa Majesté l'Empereur et le Roi et à lui aider à établir le bonheur commun.

» Portez à ses pieds le respect et la confiance et n'hésitez pas à vous unir à nous. »

Pour relever l'esprit des troupes et des habitants on passait sans cesse des revues et l'on distribuait des décorations. L'Empereur parcourait les rues à cheval et consolait les habitants, et malgré toutes les préoccupations des affaires de l'Etat il visita lui-même les théâtres qui furent établis d'après ses ordres formels.

Quant à la bienfaisance, la meilleure des vertus des personnes couronnées, Napoléon a fait également tout ce qui dépendait de lui.

Il donna l'ordre d'écrire sur les maisons de l'assistance publique ces mots : *Maison de ma mère*, réunissant par cet acte le tendre sentiment filial avec la grandeur de la vertu du monarque.

Il visita la maison des orphelins, et donnant ses mains blanches à baiser aux enfants, sauvés par ses soins, il poussa la magnanimité jusqu'à s'entretenir avec Toutolmine.

Ensuite, selon l'éloquente exposition de Thiers, Napoléon ordonna de payer la solde de ses troupes avec de la fausse monnaie russe qu'il a fabriquée lui-même.

« Relevant l'emploi de ces moyens, dit l'auteur du *Consulat et de l'Empire*, par un acte digne de lui et de l'armée française, il fit distribuer des secours aux incendiés. Mais les vivres étaient trop précieux pour être donnés à des étrangers, la plupart ennemis, Napoléon aima mieux leur fournir de l'argent afin qu'ils se fournissent au dehors, et il leur fit distribuer des roubles-papiers. »

Enfin, sous le rapport de la discipline de l'armée, il édicta des ordres qui punissaient de peines sévères toute infraction aux devoirs du service et intimaient qu'on eût à cesser le pillage,

Mais chose étrange, toutes ces dispositions, toutes ces mesures et tous ces plans, qui n'étaient en rien inférieurs à ceux qu'on prend d'ordinaire dans des cas analogues, pareils aux aiguilles d'un cadran isolées du mécanisme de l'horloge, marchaient à l'aventure, sans but et sans faire mouvoir les roues.

Sous le rapport militaire, ce plan de campagne dont Thiers dit « que le génie de Napoléon n'a jamais rien imaginé de plus profond, de plus habile et de plus admirable » et à propos duquel ce même historien, entrant en polémique avec M. Fain, prouve que ce plan génial a été tracé non pas le 4 octobre mais le 15 de ce mois — ce plan n'a jamais été exécuté et ne pouvait pas l'être, car il ne répondait en rien à la réalité.

Il était également inutile de fortifier le Kremlin, et pour accomplir ce travail on dut raser la Mosquée, c'est ainsi que Napoléon désignait l'église de Basile le Glorieux. Les mines déposées sous le Kremlin n'ont servi qu'à satisfaire le désir personnel de l'Empereur qui souhaitait de voir cet édifice sauter en l'air après sa sortie... Autrement dit, il faut battre le plancher auquel l'enfant s'est fait mal en tombant.

Pendant la retraite de l'armée française un fait inouï s'est produit : Napoléon était sans cesse préoccupé de l'ennemi qu'il savait à ses trousses, cependant l'armée française a perdu de vue l'armée russe qui la poursuivait et qui ne comptait pas moins de 60 000 hommes. D'après Thiers ce n'est qu'à l'habileté de Murat, si je ne me trompe, à son génie, que les Français doivent le brillant fait d'armes d'avoir retrouvé comme une épingle les 60 000 hommes de l'armée russe.

Sous le rapport diplomatique, toutes les déclarations de magnanimité et de justice que Napoléon a faites à Iakovlev et à Toutolmine sont restées sans aucun effet. Alexandre Ier ne reçut pas ces deux ambassadeurs de Napoléon, et ne répondit pas aux lettres qu'ils avaient apportées.

Sous le rapport juridique, après l'exécution des incendiaires fictifs, l'autre moitié de Moscou brûla comme la première.

Sous le rapport administratif, l'établissement d'une municipalité n'arrêta pas les pillages, et ne servit qu'aux conseillers municipaux qui, sous prétexte d'assurer l'ordre, pillaient Moscou et ne pensaient qu'à sauver leurs biens.

Sous le rapport de la religion, qu'il s'était si facilement conciliée en Egypte en visitant lui-même la mosquée, il découvrit que les choses ne s'arrangeaient pas si facilement à Moscou. Deux ou trois popes que les soldats français avaient dénichés à Moscou voulurent se conformer à la volonté de l'Empereur, mais l'un deux ayant été souffleté sur les deux joues par un soldat français, pendant qu'il célébrait le service divin, y renonça. Quant à l'autre voici en quels termes le commissaire français rend compte de son ministère :

« Le prêtre que j'avais découvert et

invité à recommencer à dire la messe, a nettoyé et fermé l'église. Cette nuit on est venu de nouveau enfoncer les portes, casser les cadenas, déchirer les livres et commettre toute sorte de désordres. »

Sous le rapport du rétablissement du commerce, la proclamation aux laborieux hommes de métiers et à tous les paysans, resta sans aucun effet.

Les artisans laborieux n'existaient pas, quant aux paysans ils s'emparaient des commissaires qui se hasardaient hors de ville avec leur proclamation et les tuaient.

Sous le rapport des amusements le résultat ne répondit pas mieux à l'attente de Napoléon. Les théâtres qui furent établis dans le Kremlin et dans la maison de Posniakoff, ne tardèrent pas à se fermer parce que les acteurs et les actrices avaient été dépouillés de tout ce qu'ils possédaient.

La bienfaisance même ne donna pas les fruits attendus. Les assignats faux et les vrais abondaient au point qu'ils n'avaient plus aucune valeur. Les Français qui amassaient du butin n'acceptaient que de l'or. Non seulement les assignats que Napoléon distribuait avec une générosité sans pareille aux malheureux n'avaient aucun prix, mais l'argent lui-même était échangé contre l'or au-dessous de sa valeur réelle.

Mais la preuve la plus frappante de l'inefficacité de tous ces ordres se voit dans le résultat qu'ont donné les mesures prises par Napoléon pour arrêter le pillage et rétablir la discipline.

Voici quels rapports lui faisaient les chefs de l'armée :

« Les pillages continuent dans la ville

malgré l'ordre de les faire cesser. L'ordre n'est pas encore rétabli et il n'y a pas encore un marchand qui fasse le commerce loyal. Seuls les cantiniers se risquent à vendre, mais ce sont des objets dus au pillage.»

Autre rapport :

« Une partie de mon arrondissement continue à être pillée par des soldats du 3e corps, qui, non contents d'arracher aux malheureux réfugiés dans les souterrains le peu qui leur reste, ont même la férocité de les blesser à coups de sabre, comme j'en ai vu plusieurs exemples.»

Troisième rapport :

« Rien de nouveau outre que les soldats se permettent de voler et de piller. »

Le 9 octobre :

«Le vol et le pillage continuent. Il y a une bande de voleurs dans notre district qu'il faudra faire arrêter par de fortes gardes.

Le 11 octobre :

Le gouverneur de Moscou écrivit :

« L'Empereur est très mécontent de ce que malgré des ordres sévères d'arrêter le pillage, il ne voit que des détachements de maraudeurs de la garde entrer au Kremlin. Dans la vieille garde les désordres et le pillage se sont renouvelés hier et aujourd'hui plus forts que jamais. L'Empereur voit avec douleur que des soldats choisis, destinés à défendre sa propre personne, qui doivent donner l'exemple de l'obéissance, poussent la désobéissance si loin, qu'ils dévastent les caves et les magasins préparés en vue de l'armée. D'autres sont tombés si bas qu'ils n'obéissent plus aux sentinelles, mais les injurient et les battent.

Le grand maréchal du palais se plaint vivement que malgré des défenses réitérées, les soldats continuent à faire leurs besoins dans toutes les cours et même jusque sous les fenêtres de l'Empereur. »

Chaque jour que cette armée passait à Moscou hâtait sa désorganisation et sa fin; elle était comme un troupeau en déroute qui foule sous ses pieds la nourriture qui pourrait le sauver de la faim.

Cependant cette armée ne bougeait pas de Moscou.

Ce ne fut que lorsque des convois furent saisis par les Russes sur la route de Smolensk, et que la nouvelle de la bataille de Taroutino arriva, que la panique s'empara des troupes françaises et qu'elle s'enfuit en toute hâte.

Cette nouvelle de la défaite de Taroutino que Napoléon reçut inopinément pendant une revue, fit naître chez lui, comme dit Thiers, le désir de punir les Russes, et il donna l'ordre de commencer la retraite, alors que toute l'armée l'exigeait.

En s'enfuyant de Moscou les troupes se chargèrent de tout le butin qu'elles avaient pu ramasser.

Napoléon emportait aussi son propre trésor. Ayant aperçu les convois qui obstruaientla route pour l'armée, Napoléon fut saisi d'horreur, selon l'expression de Thiers. Mais avec son expérience de la guerre il n'ordonna pas de brûler tous les chars superflus, comme il l'avait fait avec les chariots du maréchal aux approches de Moscou ; il jeta un regard sur ces voitures et ces calèches dans lesquelles voyageaient ses soldats, et dit que c'était bien, que ces équipages seraient utiles pour les provisions, les malades et les blessés.

La situation de cette armée était celle d'une bête fauve blessée; qui sent la mort venir et ne sait comment lui échapper.

Etudier les manœuvres et les buts de Napoléon et de son armée depuis son entrée à Moscou jusqu'à l'anéantissement de cette armée, c'est étudier la signification des convulsions et des sauts d'agonie d'une bête fauve blessée à mort.

Assez souvent l'animal blessé, entendant des bruits de pas, court droit au-devant du chasseur, toujours en avant, se retourne et hâte lui-même sa fin.

Napoléon, sous la pression de son armée, agissait de même.

Le bruit de la défaite de Taroutino fit peur à l'animal blessé, et il se jeta au-devant du feu, courut vers le chasseur, se retourna et s'enfuit, et comme tout animal poursuivi rebroussa chemin par la voie la plus dangereuse, la moins aisée, mais la plus connue, celle où il retrouvait une ancienne piste.

Nous nous représentons Napoléon comme le guide de tout ce mouvement, de même que les sauvages s'imaginent que la figure sculptée sur la proue du vaisseau est la puissance qui le fait mouvoir. Napoléon pendant toute la durée de cette campagne ressemble à l'enfant, qui, assis au milieu de la voiture les mains passées dans les supports, s'imaginerait que c'est lui qui conduit les chevaux.

XI

LA RETRAITE DE MOSCOU

A partir du moment où Koutouzoff apprit que les Français avaient quitté Moscou et battaient en retraite, jusqu'à la fin de la campagne, il usa de tout son pouvoir, ayant recours à la ruse ainsi qu'à la persuasion, à cette seule fin d'empêcher ses troupes de prendre inutilement l'offensive et de les détourner de rencontres et de combats avec un ennemi déjà perdu.

Doktouroff se rendit à Malo-Iaroslavetz, mais Koutouzoff avec toute son armée, loin de se presser, donne simplement l'ordre de quitter Kalouga, sachant qu'en cas de nécessité il lui sera très facile de se retirer au-delà de cette ville.

Koutouzoff se retire toujours sur toute la ligne, mais l'ennemi n'attend pas qu'il ait donné le signal de la retraite pour fuir dans une autre direction.

Les historiens décrivent l'habile manœuvre par laquelle Napoléon s'est replié sur Taroutino et Malo-Iaroslavetz et se livrent à toute sorte d'hypothèses sur ce qui aurait pu arriver, si Napoléon avait pu pénétrer dans les riches provinces du midi.

Sans compter que rien n'empêchait Bonaparte de pénétrer dans ces riches provinces, puisque les Russes lui laissaient le champ libre, les historiens oublient qu'à ce moment aucune circonstance, ni personne n'aurait eu le pouvoir de sauver l'armée française, parce qu'elle portait en elle-même les causes inévitables de sa destruction.

Pourquoi cette armée qui a trouvé à Moscou des vivres en abondance et n'a pas su les garder, mais les a foulés aux pieds, cette armée qui, arrivée à Smolensk, au lieu de recueillir les approvisionnements, les mettait au pillage, pourquoi cette armée se serait-elle relevée à Kalouga où se trouvaient la même population russe qu'à Moscou, et les mêmes dangers en ce qui concerne le feu et les occasions d'incendie ?

Cette armée ne pouvait plus se relever nulle part. Depuis Borodino et le pillage de Moscou elle portait en soi des éléments de décomposition.

Les hommes de la ci-devant Grande Armée couraient, comme leurs chefs, sans savoir où et n'ayant tous, depuis Napoléon jusqu'au dernier des soldats, qu'un désir : se tirer personnellement de cette situation sans issue, qu'ils pressentaient confusément.

C'est parce qu'ils comprenaient cette nécessité, qu'à Malo-Iaroslavetz, lorsque les généraux de Napoléon tinrent un simulacre de conseil pour discuter différents projets, prévalut la dernière opinion, celle du général Mouton ; cette âme simple et primitive de soldat découvrit la pensée intime de toute l'armée, c'est qu'il fallait partir le plus vite possible. Personne, pas même Napoléon, n'ouvrit la bouche pour protester contre cette vérité reconnue de tous.

Mais, bien que tout le monde fût d'accord sur l'urgence du départ, l'armée n'en ressentait pas moins la honte de cette obligation de fuir. Il fallait une impulsion extérieure pour vaincre ce sentiment. Ce choc survint en son temps sous la forme de ce que les Français ont appelé le *Hourra de l'Empereur !*

Le lendemain du conseil, Napoléon feignant d'inspecter ses troupes et d'examiner le champ de bataille, courut à cheval au milieu de la ligne de disposition de l'armée, accompagné de sa suite de maréchaux et de sa garde. Les Cosaques qui tournaient autour du butin se heurtèrent à l'Empereur et peu s'en fallut qu'il fût fait prisonnier.

Ce qui cette fois sauva Napoléon, ce fut cet amour du butin qui devait causer la perte de l'armée française, et qui dans cette occasion, comme aussi à Taroutino, poussa les Cosaques à laisser échapper les hommes pour piller à leur aise.

Ils ne firent aucune attention à l'Empereur et se jetèrent sur le butin, ce qui permit à Napoléon de s'enfuir.

Lorsque les Français virent qu'il s'en était peu fallu que *les Enfants du Don* se fussent emparés de l'Empereur au milieu de son armée, il devint clair pour eux qu'il ne leur restait qu'une chose à faire, battre en retraite par le chemin le plus court et le plus connu.

Napoléon avec sa bedaine de quarante ans ne se sentait plus ni son agilité, ni son courage d'autrefois, et il s'empressa de se soumettre à cette nécessité. Sous l'influence de l'effroi que lui avaient causé les Cosaques il se rangea aussitôt à l'avis du général Mouton et *donna l'ordre*, comme disent les historiens, de commencer la retraite sur la route de Smolensk.

Le fait que Napoléon accepta la proposition de Mouton, et que les troupes françaises commencèrent à se retirer de Moscou, ne prouve pas que Napoléon ait donné le signal de la retraite, mais que les causes qui agissaient sur toute l'armée, en la poussant sur la route de Mojaïsk, avaient exercé en même temps leur influence sur Napoléon lui-même.

Quand un homme se trouve en marche, il imagine toujours un but à ce mouvement. Pour qu'un homme parcoure un chemin de 1 000 kilomètres il faut qu'il se figure qu'au delà il trouvera quelque chose de bon. Il faut avoir l'idée d'une terre promise devant soi pour avoir la force de faire tant de chemin.

Lorsque les Français entrèrent en Russie, la terre promise, pour eux, était Moscou, mais lorsqu'ils s'enfuirent de

Moscou, ce fut la patrie qui devint la terre promise. Cependant cette patrie était bien loin, et un homme qui doit franchir 1 000 kilomètres oubliera fatalement le but final de sa course et cherchera à se consoler par des étapes.

« Aujourd'hui, se dit-il, je ferai dix lieues et je me reposerai, » et bien que cette première halte ne le rapproche presque pas du but final, il concentre sur elle tout son espoir et tous ses désirs.

Les aspirations d'un homme se trouvent toujours amplifiées et grandies par la force.

Pour les Français qui retournèrent par la route déjà connue de Smolensk, le but final, qui était pour chacun d'arriver le plus vite possible à la maison, se trouvait trop éloigné, et tous les désirs et les espérances de ces hommes en passant par la foule revêtirent des proportions énormes et se concentrèrent sur Smolensk. Ce n'est pas qu'ils s'attendissent à trouver là beaucoup de vivres ni des troupes fraîches; au contraire, Napoléon et tous les chefs de l'armée savaient fort bien qu'ils ne trouveraient rien à Smolensk, mais la perspective de cette étape était la seule chose qui pût donner aux soldats la force de marcher et de supporter les privations du moment. Ceux qui savaient la vérité et ceux qui l'ignoraient se trompaient également, et tous soupiraient après Smolensk comme après la terre promise.

Une fois sur la grande route, les Français coururent à ce but fictif avec une énergie remarquable et une vitesse encore plus étonnante. Cette énergie avait pour cause, non seulement l'idée du but commun qui les ralliait tous dans un même élan, mais leur nombre énorme. Cette grande foule d'hommes, comme si elle obéissait à la loi physique de l'attraction, attirait à elle comme à un grand tout les atomes isolés, c'est-à-dire, les hommes. Ils avançaient dans leur masse compacte de cent mille hommes en un seul bloc comme un peuple entier.

Pris isolément, chacun d'eux ne souhaitait qu'une chose : — tomber en captivité et se voir délivré ainsi de toutes les horreurs et de toutes les souffrances de cette marche forcée. Cependant la force de l'élan commun qui les entraînait tous vers Smolensk emportait chaque individu dans la même direction ; d'un autre côté, un corps entier ne pouvait pas se rendre à un bataillon, et bien que les Français missent à profit toutes les occasions commodes qui se présentaient, pour se débarrasser les uns des autres et se rendre aux Russes sans déshonneur, ces occasions ne se présentaient pas toujours.

Le grand nombre de Français et la rapidité de leur marche les empêchaient de se rendre, et faisaient qu'il était non seulement difficile, mais impossible aux Russes d'arrêter un mouvement dans lequel toute l'énergie de cette foule énorme était concentrée.

Le déchirement mécanique du corps ne pouvait pas hâter le procès de décomposition, déjà en activité, au-delà d'une certaine limite.

Il est impossible de faire fondre un tas de neige en un instant. Il y a une certaine limite de temps sans laquelle la chaleur à aucun degré ne parviendra à fondre la neige. Au contraire, plus la chaleur est forte, plus la neige qui reste se consolide.

A l'exception de Koutouzoff aucun des généraux russes n'avait compris ce phénomène. Quand on apprit la retraite de l'armée française sur la route de Smolensk, ce que Koutouzoff avait prévu dans la nuit du 11 octobre, commença à se réaliser. Tous les principaux chefs de l'armée voulurent se distinguer, tous voulurent barrer le chemin aux Français, les faire prisonniers, accélérer leur fuite, tous demandèrent à les poursuivre.

Seul, Koutouzoff employa toutes ses forces, et l'on sait que celles d'un généralissime ne sont pas trop grandes, pour réagir contre cette idée de marche offensive.

Il ne pouvait déclarer à son état-major ce que nous disons aujourd'hui : à quoi bon livrer des batailles, à quoi bon perdre nos propres hommes et courir avec férocité sur des malheureux pour leur donner la mort quand ils la trouveront infailliblement sans notre aide? A quoi bon tant d'efforts, lorsque de Moscou à Wiasma un tiers de leur armée s'est fondue sans le moindre combat?

Koutouzoff ne pouvait tenir ce langage à ses généraux, mais déduisant de sa sagesse de vieillard ce qu'ils pourraient comprendre, il leur dit : faites au contraire un pont d'or à l'ennemi, c'est le plus sûr moyen de le perdre; mais ils se moquèrent de lui, le calomnièrent et avec fanfaronnerie se ruèrent sur la bête fauve expirante pour la déchirer et la dépecer.

A Wiasma les généraux Ermoloff, Miloradovitch, Platoff et d'autres, se trouvant près des Français, ne purent se retenir d'aller couper la retraite à deux corps d'armée; et pour se moquer de Koutouzoff lui envoyèrent sous pli une feuille de papier blanc en guise de rapport.

En dépit des efforts de Koutouzoff pour contenir son armée, ses troupes assaillaient les Français malgré lui, et s'efforçaient de leur barrer le chemin. On raconte que des régiments d'infanterie commencèrent l'attaque, musique en tête, et se mirent à tuer des milliers d'hommes et en perdirent autant de leur côté.

Et cependant, ils n'ont pas retenu les fuyards, ils n'ont pas exterminé l'ennemi. L'armée française serrait plus étroitement ses rangs à cause du danger et avançait, suivant toujours avec la même vitesse, ce chemin du calvaire qui menait à Smolensk.

XII

LES VICTOIRES ET LEURS SUITES

La bataille de Borodino, qui fut suivie par l'occupation de Moscou et ensuite par la retraite de l'armée française sans qu'une nouvelle bataille ait été livrée, est un des événements les plus instructifs de l'histoire.

Les historiens s'accordent pour reconnaître que l'action extérieure des États et des peuples, quand leurs intérêts se heurtent, s'exprime par la guerre. Ils ont écrit maintes fois qu'immédiatement après des succès ou des revers la force des États et des peuples grandit ou diminue.

Si étrange que semble à l'examen le récit d'une guerre où nous voyons comment tel roi ou tel empereur rassemble ses troupes, livre bataille à l'armée ennemie, remporte une victoire, tue trois mille, cinq mille, dix mille hommes, et pour cette raison se trouve vainqueur de tout un État et de tout un peuple de millions d'hommes; je dis, si difficile qu'il soit de comprendre que la défaite d'une armée, — la perte d'un centième de toutes les forces du peuple, — entraîne la soumission du peuple entier, tous les faits de l'histoire, telle qu'on nous l'enseigne, confirment pourtant la justesse de cette assertion que les succès d'armes plus ou moins grands d'un peuple qui est en guerre avec un autre, sont la cause ou tout au moins le signe réel de l'agrandissement de sa puissance et de l'amoindrissement de son ennemi.

Les troupes ont remporté une victoire, et aussitôt les droits du peuple vainqueur se sont étendus au détriment du vaincu. Les troupes ont été battues, et aussitôt le peuple perd ses droits en proportion de sa défaite, et quand les troupes ont été entièrement battues, le peuple est complètement vaincu.

C'est ainsi qu'on enseigne l'histoire depuis l'antiquité jusqu'à nos jours. Toutes les guerres de Napoléon sont là pour confirmer cette règle.

A mesure que les troupes autrichiennes étaient battues, l'Autriche perdait ses droits, tandis que les forces de la France augmentaient et qu'elle acquérait des droits nouveaux. Les victoires des Français à Iéna et à Austerlitz ont détruit l'indépendance de la Prusse.

Mais voilà qu'en 1812 les Français remportent la victoire de la Moscova et s'emparent même de Moscou, et cependant tout de suite après ces triomphes, sans que de nouvelles batailles aient été livrées, non seulement la Russie n'a pas cessé d'exister, mais c'est cette armée victorieuse de 600 000 hommes qui a été exterminée, et avec elle la France de Napoléon.

On peut, tant qu'on voudra, tirer les faits par les cheveux pour les accommoder aux règles de l'histoire, jamais personne ne pourra dire que le champ de bataille de Borodino est resté aux Russes, ou qu'après l'occupation de Moscou des batailles ont été livrées qui ont décimé l'armée de Napoléon — ce n'est pas possible.

Depuis la victoire des Français à Borodino non seulement il n'y a pas eu de bataille générale, mais pas le moindre engagement ayant quelque importance, et néanmoins l'armée française a vécu.

Que signifie ce fait ?

Si cet exemple était pris à l'histoire de la Chine, nous aurions pu dire que ce n'est pas un événement historique. — C'est le truc habituel des historiens quand les faits ne cadrent pas avec leurs théories.

S'il s'agissait d'une guerre insignifiante où des forces peu considérables auraient été mises en présence, nous aurions pu dire que cet événement est une exception à la règle générale.

Mais au contraire il s'est passé sous les yeux de nos pères, il y allait pour eux de la vie ou de la mort de la patrie, et cette guerre a été la plus considérable de toutes les guerres connues.

La période de la campagne de 1812, qui date de la bataille de Borodino et s'étend jusqu'à la retraite des Français, nous prouve qu'une bataille gagnée non seulement n'est pas toujours la cause de la conquête, mais souvent n'en est pas même le signe ; cet événement nous montre que la force qui décide du sort des peuples ne réside ni dans les conquérants, ni dans les armées, ni dans les batailles livrées, mais en tout autre chose.

Les historiens français, en décrivant la situation des troupes avant la sortie de Moscou, assurent que tout était en bon ordre dans la Grande Armée, à l'exception toutefois de la cavalerie, de l'artillerie et des fourgons ; en outre le fourrage manquait pour les chevaux et les bœufs.

Il n'y avait aucun remède à ce mal, car les moujiks aimaient mieux brûler leur foin que de le livrer aux Français.

La victoire remportée n'a pas donné ses résultats ordinaires parce que les moujiks Karp, Wlass et d'autres qui vinrent à Moscou avec des chars pour piller la ville après le départ des Français, et qui ne firent preuve d'aucun sentiment héroïque, refusèrent pourtant de porter du foin à Moscou, et malgré l'argent qu'on leur offrit aimèrent mieux le brûler que de le voir servir à l'ennemi.

Représentons-nous deux hommes qui ont engagé un duel à l'épée selon toutes les règles de l'escrime. Pendant un espace de temps assez long, les épées se touchent, s'entrecroisent, lorsque tout à coup l'un des duellistes, se sentant blessé et ayant compris qu'il ne s'agit pas de badiner, mais qu'il y va de sa vie, jette loin de lui son épée et, s'armant du premier bâton qui lui tombe sous la main, se met à distribuer des coups de trique à droite et à gauche.

Représentons-nous encore que cet homme, qui a eu recours à ce moyen si simple et si efficace, était imbu en même temps des traditions chevaleresques, et qu'il eût voulu cacher la vérité et déclarer qu'il était sorti vainqueur selon toutes les règles du combat à l'épée. On peut aisément se figurer quelle confusion se serait glissée dans son récit.

Le duelliste qui demande à se battre selon les règles de l'art, c'est le Français, son ennemi qui jette son épée loin de lui et lève la trique, c'est le Russe; ceux qui veulent faire accorder le combat avec les règles de l'escrime, ce sont les historiens qui ont raconté la campagne de Russie.

A partir de l'incendie de Smolensk la campagne de Russie a revêtu une forme inconnue jusqu'alors dans l'art de la guerre. Ce ne fut plus qu'incendies de villes et de villages, et des batailles suivies de retraites précipitées. La victoire de Borodino et après de nouveau la retraite; l'incendie de Moscou, la chasse aux maraudeurs, les approvisionnements séquestrés, la guerre des partisans... toutes ces choses étaient contraires à toutes les règles de la tactique militaire.

Napoléon le sentait bien, et pas plus tôt eut-il fait son entrée à Moscou dans la pose réglementaire de l'escrime, qu'il découvrit dans la main de l'ennemi, au lieu d'une épée, une simple trique, et ne cessa de se plaindre auprès de Koutozoff et du tzar Alexandre, de ce que la guerre n'était point conduite selon les règles, — comme s'il est besoin de règles pour tuer des hommes.

Mais les Français avaient beau se plaindre de ce que les Russes ne se conformaient pas aux règles de la guerre; les officiers supérieurs de l'armée russe avaient beau rougir de cette manière de se défendre une trique à la main, et souhaiter de se mettre en position pour se battre selon toutes les règles, en quarte, en tierce et faire un habile assaut d'armes... — la trique du moujik s'était levée, dans sa force terrible et majestueuse, et sans se soucier du bon goût ni des règles, avec une simplicité stupide mais efficace, frappant indistinctement, se relevait et s'abattait sans relâche sur l'ennemi, jusqu'à ce que l'armée des envahisseurs eût péri.

Gloire au peuple qui n'a pas fait comme les Français en 1813, qui ont salué l'ennemi selon toutes les règles de l'art et retournant leurs épées les ont rendues poliment et avec grâce, la poignée en avant, au vainqueur magnanime. Gloire au peuple qui aux jours du malheur ne s'est pas demandé comment d'autres ont agi selon les règles en des circonstances semblables, mais a saisi simplement et vivement la première trique venue, et a frappé l'ennemi à coups redoublés jusqu'à ce que le sentiment de colère et de vengeance qui remplissait son cœur eût fait place au mépris et à la pitié ! (1)

(1) NOTE DU TRADUCTEUR.

Le comte Léon Tolstoï oublie que, même sous le despotisme du tzar, le moujik n'a jamais été aussi profondément démoralisé, que les libres soldats de la Révolution corrompus par le régime des Napoléons. Mais qu'il se rassure, 17 années de république ont suffi pour relever le moral de la nation, et si l'ennemi osait encore souiller le sol français, les bayonnettes feraient aussi bien leur œuvre que la trique du moujik.

XIII

L'ESPRIT DES TROUPES ET LA GUERRE DES PARTISANS

Une des infractions les plus palpables et les plus avantageuses aux soi-disant règles de la guerre est l'action des individus isolés contre les groupes d'hommes. Cette sorte d'action se produit toujours dans les guerres qui ont un caractère populaire. Cette action consiste en ceci : au lieu d'aller combattre en nombre contre l'ennemi en bloc, les hommes se dispersent, attaquent isolément, s'effaçant dès qu'ils se voient menacés par des forces considérables, pour reparaître à la première occasion favorable.

Ainsi ont combattu les Guerrillos en Espagne, les Montagnards dans le Caucase et les Russes en 1812.

On a surnommé cette sorte de combats la guerre des partisans, et on croit qu'en la dénommant ainsi, on a expliqué sa signification.

Cependant cette sorte de guerre non seulement ne répond pas aux règles de l'art militaire, mais elle est en contradiction avec cette loi infaillible de la tactique qui veut que l'assaillant concentre ses troupes pour être, au moment du combat, plus fort que son ennemi.

La guerre des partisans, toujours heureuse comme le prouve l'histoire, est de tout point opposée à cette règle.

Cette contradiction provient de ce que la science militaire identifie la force des troupes à leur quantité.

La science militaire dit que plus il y a de troupes, plus il y a de forces: les gros bataillons ont toujours raison.

Une telle assertion assimilerait la science militaire à cette théorie mécanique, laquelle, ne considérant les corps mouvants que par rapport à leur masse, affirmerait que leurs forces sont égales ou inégales selon que leurs masses sont égales ou inégales.

Cependant la force (la quantité du mouvement) est le produit de la masse multipliée par la vitesse.

Dans la guerre la force des troupes est aussi le produit des masses multipliées par un facteur qui est un X.

La science militaire, voyant dans l'histoire, par un grand nombre d'exemples, que la masse des troupes ne correspond pas à la force de l'armée. que de petits détachements en ont vaincu de grands, reconnaît confusément l'existence du facteur inconnu, et s'efforce de le découvrir tantôt dans des combinaisons géométriques, tantôt dans l'armement, mais surtout — parce que cela lui semble le plus simple — dans le génie des généralissimes.

Cependant on a beau donner toutes ces significations au facteur cherché, les résultats ne sont pas d'accord avec les faits historiques.

Il faut avant tout renoncer à cette fausse idée, inventée pour le bon plaisir des héros, que les dispositions prises par les chefs sont exécutées dans la guerre, et nous trouverons cet X.

X c'est l'esprit des troupes... c'est-à-dire le désir plus ou moins vif de tous les hommes qui les composent, de se battre, indépendamment du fait qu'ils sont sous le commandement d'un homme de génie ou d'un imbécile, et de ce qu'ils combattront sur deux ou trois rangs, armés de triques ou de fusils tirant trente coups à la minute.

Les hommes qui ont une très grande envie de se battre, se placent toujours d'eux-mêmes dans les positions les plus avantageuses pour la lutte. L'esprit de l'armée c'est ce facteur qui, multiplié par la masse, donne le produit de la force.

Déterminer et exprimer la signification de l'esprit de l'armée, de ce facteur inconnu, est le devoir de la science.

Ce problème ne sera résolu que lorsque nous cesserons de placer au lieu de la signification de X, les conditions seulement dans lesquelles la force se fait jour, tels que : les dispositions des chefs, l'armement, etc..... et que nous reconnaîtrons cet X dans toute son intégralité, c'est-à-dire dans le désir plus ou moins vif d'affronter le danger, qui anime les hommes. Ce n'est qu'alors, que nous pourrons exprimer des faits historiques connus par des équations, et arriver ainsi à déterminer le facteur inconnu.

Dix hommes ou dix bataillons ou dix divisions combattant 15 hommes, 15 bataillons ou 15 divisions, ont vaincu tous les 15 en tuant ou faisant captifs leurs ennemis, eux-mêmes n'ont perdu que 4 hommes, bataillons ou divisions. D'un côté a péri 15, de l'autre 4.

On pourrait exprimer ceci par l'équation suivante :

$$4\ X = 14\ y.$$

d'où

$$X : y = 15 : 4.$$

Cette équation ne donne pas la valeur de l'inconnue, mais elle donne la proportion dans laquelle se trouvent les deux facteurs inconnus. Et en faisant entrer dans des équations semblables des unités historiques différentes — des batailles, campagnes, périodes de guerres — nous obtiendrons des séries de nombres, dans lesquels on pourra sans doute découvrir des lois.

La règle de la tactique qui dit qu'il faut agir en masse à l'attaque et isolément à la retraite, énonce, sans s'en douter, cette vérité que la force des troupes dépend de leur courage. Pour mener les hommes sous les boulets, il faut une plus forte discipline que pour se défendre des assaillants, et on l'obtient exclusivement par des mouvements en masse.

Mais cette règle, qui ne tient pas compte du courage des troupes, est toujours relative et défectueuse, et principalement dans les guerres populaires, où elle est toujours en contradiction avec cette vérité, parce que c'est alors que le relèvement du courage des troupes ou leur abattement se manifeste le plus librement.

Ainsi en 1812, les Français en battant en retraite, auraient dû, d'après la tactique, se défendre isolément, mais en réalité ils se pressaient l'un contre l'autre, car l'esprit des troupes était tombé si bas, qu'il ne se relevait que lorsque les hommes se resserraient en masse.

Les Russes, tout au contraire, auraient dû, selon la tactique, attaquer en masse mais en réalité ils s'éparpillèrent, parce que l'esprit des troupes était remonté au point que les hommes isolés attaquaient l'ennemi sans attendre d'en avoir reçu l'ordre, et n'avaient pas besoin d'encouragements ou de contrainte, pour aller s'exposer aux fatigues et aux périls de la guerre.

XIV

LA FUITE DE NAPOLÉON

A dater du 8 novembre, quand les gelées commencèrent, la retraite des Français prit subitement un caractère plus tragique : on vit d'un côté des hommes qui gelaient en route, d'autres qui, en voulant dégourdir aux feux des bivouacs leurs membres raidis se grillaient à mort; et de l'autre côté, l'empereur avec sa suite de rois et de ducs qui fuyaient en voitures, dans leurs pelisses, emportant les trésors qu'ils avaient pillés. Mais en réalité rien ne pouvait hâter ou ralentir le procès de la fuite ou de la décomposition de l'armée française après sa sortie de Moscou.

Depuis la capitale jusqu'à Wiasma, sans compter la garde, qui durant toute la campagne n'a cessé de piller, sur 73 mille hommes qui composaient l'armée française, il n'en est resté que 36 mille ; de ce nombre cinq mille seulement sont tombés sur le champ de bataille.

Voici le premier terme de cette progression qui détermine avec une précision mathématique les termes suivants.

L'armée française s'est détruite et s'est fondue en route dans la même proportion de Moscou à Wiasma, de Wiasma à Smolensk, de Smolensk à Bérézina, et de Bérézina à Wilna, indépendamment du froid plus ou moins intense, des poursuites de l'ennemi qui lui barrait le chemin et de toute autre circonstance.

Après Wiasma les troupes françaises se sont tassées en une seule masse et ont marché ainsi jusqu'à la fin.

Bien qu'on sache combien les rapports faits par les chefs d'armée sur la situation des troupes sont éloignés de la vérité, on ne lira pas sans intérêt ce que Berthier écrivit alors à l'Empereur.

« Je crois devoir faire connaître à Votre Majesté l'état de ses troupes dans les différents corps d'armée que j'ai été à même d'observer depuis deux ou trois jours dans différents passages. Elles sont presque débandées. Le nombre des soldats qui suivent les drapeaux est en proportion du quart, tout au plus, dans presque tous les régiments, les autres marchent isolément dans différentes directions et pour leur compte dans l'espérance de trouver des subsistances et pour se débarrasser de la discipline. En général ils regardent Smolensk comme le point où ils doivent se refaire. Ces derniers jours on a remarqué que beaucoup de soldats jettent leurs cartouches et leurs armes. Dans cet état de choses, l'intérêt du service de Votre Majesté exige, quelles que soient ses vues ultérieures, qu'on rallie l'armée à Smolensk en commençant à ladébarrasserdes non-combattants,tels que, hommes démontés, et des bagages inutiles, et du matériel de l'artillerie qui n'est plus en proportion avec les forces actuelles. En outre, les jours de repos, des subsistances sont nécessaires aux soldats qui sont exténués par la faim et la fatigue ; beaucoup sont morts ces derniers jours sur la route et dans les bivacs. Cet état de choses va toujours en augmentant et donne lieu de craïndre qne si l'on n'y apporte un prompt remède, on ne soit plus maître des troupes dans un combat. Le 9 novembre, à 30 verstes de Smolensk. »

Les Français après être entrés précipitamment dans Smolensk, qui leur apparaissait comme la terre promise, s'entretuaient pour s'emparer des vivres, pillaient leurs propres magasins, et quand tout fut saccagé, ils coururent plus loin.

Tous se sauvèrent sans savoir où ni pourquoi; le génie de Napoléon le savait encore moins que les autres, car lui seul se sauvait sans avoir reçu de qui que ce soit l'ordre de fuir.

Au milieu de la déroute, lui et les siens conservent leurs anciennes habitudes : ils écrivent des ordres, des rapports, ils se donnent mutuellement des titres : sire, mon cousin, prince d'Eckmuhl, roi de Naples, etc..., etc... Mais ces ordres n'existent que sur le papier, personne ne les exécutera, parce qu'ils ne sont plus exécutables. Napoléon et sa famille peuvent continuer à s'appeler entre eux : majesté, altesse et cousin ; ils n'en sentent pas moins qu'ils sont des misérables qui ont fait beaucoup de mal et que l'expiation a commencé pour eux. Et tout en se donnant l'air de penser à l'armée, ils ne songent qu'à leur propre peau, faisant chacun tous ses efforts pour sauver sa propre petite personne...

La conduite des troupes russes et françaises pendant la retraite de la grande armée depuis Moscou jusqu'au

Niémen, rappelle le jeu de colin-maillard : deux joueurs ont les yeux bandés, l'un d'eux, muni d'une clochette, sonne de temps en temps pour rappeler l'attention de celui qui est chargé de l'attraper. Au commencement, celui qu'on doit prendre sonne sans craindre son adversaire; pourtant lorsqu'il se sent poursuivi et serré de près, il cherche à éviter l'ennemi en s'esquivant sur la pointe des pieds, mais souvent au moment où il espère se sauver, il marche droit à la rencontre de son adversaire.

Au commencement de la campagne, les troupes de Napoléon, sur la route de Kalouga, dans la première période du mouvement rétrograde, donnent encore signe de vie, mais une fois sur la route de Smolensk, elles courent en serrant dans leurs mains le long battant de la clochette et se sauvent à toutes jambes.

et en croyant éviter les troupes russes elles vont droit à leur rencontre.

La course effrénée des Français et des Russes mit les chevaux hors d'état de continuer la route, de sorte que les reconnaissances de cavalerie devinrent impossibles, et c'est pourtant le meilleur moyen pour se renseigner sur la situation respective de l'ennemi. En outre, les nombreuses et promptes modifications de la position des deux armées faisaient que les informations arrivaient toujours trop tard.

Ces renseignements disaient un jour que l'armée de l'ennemi se trouvait la veille à tel endroit, et le lendemain quand on aurait pu entreprendre quelque chose, on apprenait que l'armée avait déjà fait deux journées de marche et avait pris une autre position.

Une armée fuyait et l'autre la suivait.

En sortant de Smolensk, les troupes françaises avaient à choisir entre plusieurs routes. Il semble que Napoléon et ses généraux, ayant fait là une halte de quatre jours, auraient pu mettre ce temps à profit pour reconnaître la situation de l'ennemi et suivre une nouvelle tactique. Mais, au contraire, après ces quatre jours de répit l'armée en masse reprit sa course, ne se dirigeant ni à droite, ni à gauche, mais suivant sans réflexion l'ancienne route et la plus mauvaise, celle de Krasnoë et d'Orcha, c'est-à-dire le chemin battu.

Croyant toujours l'ennemi sur leurs talons et non pas devant eux, les Français couraient, s'étendaient et s'éparpillaient, restant souvent à une distance de vingt-quatre heures de marche les uns des autres.

En avant de toute l'armée courait

l'Empereur, et après lui venaient les rois et ensuite les ducs.

L'armée russe pensant que Napoléon irait à droite au-delà du Dnieper, ce qui était la seule voie raisonnable, prit aussi à droite et suivit la grande route dans la direction de Krasnoë.

Ici, comme dans le jeu de colin-maillard, les Français se heurtèrent à l'avant-garde russe.

Ayant inopinément découvert l'ennemi, ils se troublèrent, s'arrêtèrent un instant d'étonnement et de frayeur, puis aussitôt, reprenant leur course, abandonnèrent les camarades qui restaient en arrière. Là, pendant trois jours, les tronçons isolés de l'armée française passèrent, comme par les baguettes, entre les troupes russes; ce fut en tête le corps du vice-roi, puis celui de Davout, enfin celui de Ney.

Ils s'abandonnaient les uns les autres, ils abandonnaient la moitié de leurs hommes et fuyaient, se cachant le jour, marchant la nuit avec mille détours et décrivant des demi-cercles.

Ney, qui venait le dernier, parce qu'il s'était attardé à faire sauter les murs de Smolensk, lesquels ne pouvaient plus porter ombrage à qui que ce soit, rejoignit Napoléon à Orcha avec 1 000 hommes sur les 10 000 qui lui furent confiés. Abandonnant une partie de ses soldats et ses canons, il était parvenu à se faufiler la nuit par la forêt et à traverser le Dniepr.

D'Orcha ils coururent plus loin du côté de Wilna, jouant toujours à colin-maillard avec l'ennemi qui les poursuivait.

Sur la Bérézina la confusion augmenta; un grand nombre d'hommes furent noyés, d'autres se rendirent; mais ceux qui avaient passé la rivière couraient toujours plus loin.

Napoléon, emmitouflé dans une pelisse, passait en traîneau et, abandonnant ses compagnons d'armes, se sauvait en toute hâte.

Parmi ses généraux, tous ceux qui le pouvaient, suivirent son exemple, ceux qui n'y parvinrent pas se rendirent ou périrent en route.

Il semblerait que cette période de la campagne de Russie pendant laquelle les chefs de l'armée française firent tout ce qu'il fallait pour exterminer leurs troupes; pendant laquelle en suivant le mouvement de cette foule d'hommes, depuis le commencement de la marche sur la route de Kalouga jusqu'à la fuite de Napoléon, on ne voit rien de sensé dans la conduite de l'armée, il semble que les historiens qui font dépendre l'action des masses de la volonté d'un seul homme, devraient renoncer à écrire l'histoire de cette campagne dans ce sens-là.

Il n'en est rien; des historiens sans nombre ont discuté gravement dans des montagnes de volumes les plans et les dispositions auxquels s'arrêta Napoléon pendant cette campagne, et ils les trouvent d'une profondeur incommensurable, ils s'extasient devant les manœuvres qu'exécutent les troupes et devant le génie que manifestent les mesures prises par les maréchaux.

La retraite par Malo-Iaroslavetz, cette retraite inutile, par une route dévastée, que Napoléon a choisie lorsqu'il avait la facilité d'en prendre une autre, qui l'aurait amené dans les provinces où les vivres abondaient, et pour laquelle il a négligé le chemin parallèle, que Koutousoff a suivi plus tard pour le poursuivre, — cette retraite a trouvé des partisans ; ils invoquent pour la justifier des combinaisons supérieures, et ces mêmes combinaisons supérieures doivent expliquer la retraite de Smolensk sur Orcha.

Mais il ne suffit pas aux historiens de Napoléon de justifier leur héros, ils vantent son héroïsme à Krasnoé où il avait eu l'intention de livrer bataille en se mettant lui-même à la tête des troupes. Ils le représentent marchant à pied devant son armée, une canne à la main et disant :

— J'ai assez fait l'empereur, il est temps de faire le général.

En dépit de ces récits fantaisistes, nous voyons qu'au lieu de se battre,il se sauve, laissant derrière lui des tronçons d'armée en déroute et sans défense.

Ensuite les historiens se plaisent à exalter la grandeur d'âme des maréchaux, surtout celle de Ney, — grandeur d'âme qui consiste en ceci : à force de détours il parvint à traverser la forêt de nuit et à passer le Dniepr et enfin entra à Orcha sans drapeaux, sans artillerie et après avoir abandonné les neuf dixièmes de son armée.

Enfin, quand le grand Empereur lui-même abandonna son armée, les historiens nous représentent cet acte comme quelque chose de grand, un trait de génie.

Cette misérable fuite que nous, simples mortels, nous appelons la dernière des vilenies, que nous apprenons à nos enfants à considérer comme l'acte le plus honteux, cette vilenie, les historiens trouvent moyen de la justifier.

Car, lorsqu'il leur devient impossible d'étendre davantage les fils élastiques de leurs raisonnements, quand les actes du héros sont en contradiction flagrante avec ce que l'humanité appelle bon et juste, les historiens se réfugient dans l'idée de la grandeur. La grandeur semble exclure pour eux la mesure du bien et du mal. Pour celui qui est grand rien n'est mal. Celui qu'on proclame grand est acquitté de toutes les atrocités qu'il a commises.

« C'est grand ! » s'écrient les historiens et il n'y a plus ni bien ni mal, il n'existe que ce qui est « grand » et ce qui ne l'est pas.

Ce qui est « grand » est bon, ce qui ne l'est pas est mauvais.

« Grand » est selon eux la qualité des êtres à part qu'ils appellent des héros.

Et Napoléon se sauvant, pour rentrer

dans ses foyers, chaudement emmitouflé dans sa pelisse, tout en lâchant ses compagnons d'armes et toute cette foule d'hommes qu'il a amenée en Russie, sent qu'il a fait quelque chose de grand, et son âme est tranquille.

« Du sublime (il se trouve sublime !) au ridicule il n'y a qu'un pas », a-t-il dit. Et tout l'univers pendant cinquante ans a répété après lui : Sublime ! Grand ! Napoléon-le-Grand ! Du sublime au ridicule il n'y a qu'un pas !

Personne ne songe que reconnaître la grandeur comme mesure du bien et du mal, c'est reconnaître sa propre nullité et sa petitesse.

Pour nous, il n'y a pas de grandeur où il n'y a ni simplicité, ni bonté, ni justice.

XV

LA POURSUITE DES FRANÇAIS

Quel est le Russe qui, en lisant le récit de la dernière période de la campagne de 1812, n'a pas ressenti un lourd sentiment de dépit, de mécontentement et de confusion ?

Qui ne s'est demandé comment n'avons-nous pas détruit ou fait captifs tous les Français, lorsque nos trois armées russes en nombre supérieur les cernaient, lorsque les Français en déroute, mourant de faim, se rendaient en masse, et lorsque, à ce que dit l'histoire, le but des Russes était justement de couper la retraite aux Français, de les arrêter et de les faire prisonniers ?

Comment cette même armée, qui, d'abord plus faible en nombre, livra la bataille de Borodino, et ensuite put cerner les Français de trois côtés, si vraiment elle avait pour but de couper leur retraite et de les faire prisonniers, n'a-t-elle pas atteint ce but ?

Les Français avaient-ils une telle supériorité sur les Russes que ceux-ci, même après avoir cerné de toutes parts leur ennemi, ne pouvaient sortir vainqueurs de la lutte ?

Comment les Russes ont-ils échoué dans leurs tentatives, si tel était leur but?

L'histoire — ou plutôt ce qui s'appelle l'histoire, répond à ces questions en déclarant que si la Russie n'est pas arrivée à ses fins, c'est parce que Koutouzoff, Tormassoff, Tchitchagoff et d'autres encore n'ont pas exécuté telle et telle manœuvre.

Mais pourquoi ne les ont-ils pas exécutées ? Si c'est par la faute de ces généraux que le but proposé n'a pas été atteint, pourquoi n'ont-ils pas été mis en accusation et exécutés?

Mais même si nous admettions que Koutouzoff et Tchitchagoff sont la cause de « *l'insuccès* » des Russes, il nous serait également impossible de comprendre pourquoi nos troupes qui se trouvaient à Krasnoë et à Bérézina en forces supérieures, n'ont pas désarmé les troupes françaises avec les maréchaux, les rois et l'Empereur, si tel était le but que poursuivaient les Russes?

Nous ne pouvons expliquer cet étrange phénomène — comme le font la plupart des militaires russes — en disant qu'il résulte de ce que Koutouzoff a empêché nos troupes de prendre l'offensive. Nous savons que ces raisons sont spécieuses, puisque nous avons vu que Koutouzoff n'a pu les contenir ni à Wiasma ni à Taroutino.

Si le but des Russes était véritablement de couper la retraite aux Français et de faire captifs Napoléon et ses maréchaux, puisque ce but n'a pas été atteint, mais qu'au contraire toutes les tentatives en ce sens ont échoué honteusement, les Français seraient dans leur droit, en représentant la dernière période de la campagne comme une série de victoires, et les historiens russes prétendraient à tort que nous sommes restés victorieux.

Les historiens militaires russes sont en effet contraints par la logique d'aboutir à cette conclusion, et malgré leurs tirades lyriques sur le courage et le patriotisme des leurs... ils sont obligés d'avouer que la retraite de Moscou a été pour Napoléon une série de victoires et pour Koutouzoff une série de défaites.

Mais si je mets de côté l'amour-propre national, je découvre que cette conclusion renferme une contradiction, car cette série de victoires de Napoléon conduit les Français à leur complète destruction, et la série de défaites de Koutouzoff amène les Russes à l'anéantissement de leur ennemi et à l'épuration de leur territoire.

La source de cette contradiction consiste en ce que les historiens étudient les événements dans la correspondance des rois et des généraux et d'après les relations et les rapports officiels, et qu'ils ont reconnu que le but de la dernière période de la campagne de 1812 était de couper la route aux Français et de s'emparer de Napoléon et de ses maréchaux.

Ce but n'a jamais existé et ne pouvait pas être, parce qu'il n'aurait eu aucun sens et qu'il eût été tout à fait impossible de l'atteindre.

Ce but n'avait aucun sens, premièrement, parce que l'armée de Napoléon en défaite s'enfuyait du territoire russe avec toute la célérité possible, c'est-à-dire elle accomplissait d'elle-même le vœu de tous les Russes.

A quoi bon alors diriger des opérations militaires contre un ennemi qui se sauve aussi vite qu'il peut?

Secondement, il n'y aurait eu aucun sens non plus à arrêter sur la route des hommes qui employaient toute leur énergie à se retirer le plus promptement possible.

Troisièmement, il n'y aurait pas eu plus de sens à sacrifier des hommes pour combattre un ennemi qui se détruisait lui-même, miné par des causes extérieures, et cela dans une proportion telle que, sans même qu'on leur ait barré le chemin, les Français n'ont pu emmener au-delà des frontières que le petit nombre d'hommes qui restait encore debout au mois de décembre, soit un centième de toutes leurs forces.

Quatrièmement, il eût été insensé de vouloir faire prisonnier l'Empereur, les rois et les maréchaux, dont la captivité aurait au plus haut degré embarrassé l'action des Russes, ainsi que l'ont reconnu les plus habiles diplomates du temps, de Maistre et d'autres.

Il eût été encore plus insensé de vouloir prendre des régiments entiers de Français, lorsque l'armée russe elle-même avait diminué de moitié avant d'atteindre Krasnoë et qu'il eût fallu donner des divisions entières pour escorter les captifs. Comment se charger de prisonniers, lorsque les soldats ne recevaient pas toujours pleine ration, et que les Français eussent été condamnés à mourir de froid et de faim ?

Tout ce plan profond qui consistait à s'emparer de Napoléon et de son armée rappelle l'idée de cet horticulteur qui, au lieu de chasser l'animal qui a ravagé ses plates-bandes, court se placer devant la porte pour l'assommer. On pourrait seulement alléguer en sa faveur qu'il ne se possédait plus de colère. On n'a pas même cette excuse à faire valoir pour défendre ceux qui ont formé le plan de s'emparer de Napoléon et de son état-major, car ce n'est pas eux qui auraient supporté le préjudice des plates-bandes endommagées.

Cette idée de couper la retraite à l'armée de Napoléon était non seulement insensée, mais inexécutable.

Premièrement, parce que, ainsi que l'a démontré l'expérience, dans une bataille le mouvement des colonnes à la distance de cinq kilomètres ne correspond jamais au plan tracé d'avance. Il était plus qu'improbable, il était impossible pour les généraux Tchitchagoff, Koutouzoff et Witgenstein de se rencontrer à la place indiquée à heure fixe. Koutouzoff le comprit tout de suite, et quand il reçut ce plan d'action, il prévint que les opérations à grandes distances ne donnent jamais les résultats qu'on en attend.

Secondement, pour arriver à paralyser cette force d'inertie qui poussait l'armée de Napoléon vers ses foyers, il aurait fallu des forces considérablement plus grandes que celles dont disposaient les Russes.

Troisièmement, ce mot technique de l'art militaire : *couper l'armée* est dénué de sens. On peut couper en morceaux du pain, mais non pas une armée.

Couper une armée — lui barrer le chemin — est chose impossible, car elle a toujours assez de place autour d'elle pour faire des détours ; puis il y a la nuit, l'obscurité qui favorise la fuite, comme les militaires stratégistes peuvent s'en convaincre par l'exemple de ce qui s'est passé à Krasnoë et à la Bérézina.

On ne peut pas non plus s'emparer de quelqu'un sans que cette personne consente à se laisser prendre, pas plus qu'il n'est possible de saisir une hirondelle, à moins qu'elle ne vienne se poser sur votre main.

On ne peut faire prisonnières que les armées qui, comme cela s'est vu pour l'armée allemande, se rendent selon les règles de la stratégie et de la tactique.

Les troupes françaises ont repoussé avec raison ce dernier parti, car la mort par le froid et la faim les attendait de même dans la fuite et dans la captivité.

Quatrièmement, et cette considération est la plus importante, jamais depuis que le monde existe une guerre ne s'est accomplie dans des conditions plus terribles que celles, dans lesquelles la campagne de 1812 s'est effectuée, et les troupes russes, tout en concentrant tous leurs efforts dans leur poursuite des

Français, ne pouvaient rien tenter de plus sous peine de s'anéantir elles-mêmes.

Dans le mouvement que les Russes opérèrent de Taroutino à Krasnoë cinquante mille hommes sortirent des rangs, les uns malades, les autres incapables de continuer leur route. — Ce qui équivaut à la moitié de la population d'une ville ordinaire.

Ainsi l'armée russe a perdu la moitié de ses hommes sans même livrer bataille.

Comment les historiens ont ils décrit cette période de la campagne, quand les soldats étaient sans bottes et sans pelisses, avec des approvisionnements insuffisants, privés d'eau-de-vie, passant la nuit dans la neige sous un froid de 15 degrés ? Le jour ne durait alors que de 7 à 8 heures et tout le reste du temps l'obscurité régnait, rendant toute discipline impossible. Les hommes passèrent ainsi des mois entiers entre la vie et la mort, se débattant contre le froid et la faim, non pas dans une lutte de quelques heures, comme il arrive dans une bataille ordinaire ; mais sans cesse, endurant de telles privations, que la moitié de l'armée fondit en un mois. Eh bien ! c'est cette période de la campagne que les historiens prétendent nous raconter, lorsqu'ils nous disent comment Miloradovitch aurait dû faire un mouvement de flanc de tel côté et Tormassoff de l'autre, tandis que Tchei-tchagoff aurait dû passer dans telle direction (avec la neige jusqu'aux genoux), et ensuite ils décrivent comment tel autre général a coupé, détruit l'armée ennemie, etc... etc...

Les Russes, dont la moitié a trouvé

la mort dans la neige, ont accompli tout ce qu'ils pouvaient et devaient faire pour atteindre un but digne de ce peuple. Ce n'est pas leur faute si d'autres Russes, qui sont restés les bras ballants dans des appartements bien chauffés, ont tracé des plans qu'il n'était pas possible d'exécuter.

Toutes ces contradictions étranges, et incompréhensibles aujourd'hui, qui éclatent entre le fait historique et le récit de cet événement tel que l'histoire nous l'a conservé, proviennent tout simplement de ce que les historiens qui ont raconté ces événements, nous ont rapporté, au lieu des faits, les beaux sentiments et les belles paroles des différents généraux.

Ce qui leur semble le plus digne d'attention dans cette campagne, ce sont les paroles de Miloradovitch, les plans de tel général et les décorations de tel autre ; quant aux 50 000 soldats russes qui sont restés dans les hôpitaux ou qui ont été enfouis dans la neige, cela ne les intéresse pas, ce n'est pas de leur ressort.

Cependant les historiens n'ont qu'à détourner un moment leur attention des rapports et des plans des généraux, pour s'attacher à suivre les mouvements de ces 100 000 soldats qui ont pris une part active aux événements, et toutes les questions qui leur ont paru jusque-là insolubles seront résolues du coup.

Couper la retraite à Napoléon et à son armée est un but qui n'a jamais existé que dans l'imagination d'une dizaine de faiseurs de plans. Ce but ne pouvait être pris au sérieux parce qu'il était aussi insensé qu'irréalisable.

Le peuple russe n'a eu qu'un but : épurer son sol de l'invasion.

Ce but a été atteint, premièrement, parce que les Français d'eux-mêmes abandonnèrent la Russie, et il suffisait pour s'en défaire de ne pas arrêter leur fuite. Secondement, ce but fut atteint par l'action de la guerre populaire qui décimait l'armée française, et troisièmement, parce que le gros de l'armée russe suivait l'ennemi pas à pas, toute prête à recourir à la force dans le cas où les Français auraient suspendu leur fuite.

L'action de l'armée russe devait être l'équivalent d'un coup de fouet sur un animal déjà lancé.

Le conducteur de bétail expérimenté sait que le moyen le plus efficace d'accélérer la course de l'animal est de le menacer du fouet levé et non de le frapper.

XVI

KOUTOUZOFF

Après la rencontre de Wiasma, qui eut lieu parce qu'il fut impossible à Koutouzoff de contenir plus longtemps l'élan de ses troupes, qui voulaient à tout prix « balayer », « couper », « arrêter » l'armée française ; la retraite subséquente sur Krasnoé, pendant laquelle les Français avaient les Russes sur leurs talons, s'effectua pourtant sans qu'une bataille fût livrée. La course des

Français était si rapide, que les Russes ne pouvaient les suivre et les perdaient de vue; leurs chevaux de cavalerie et d'artillerie refusèrent d'avancer, et ils ne furent plus qu'imparfaitement renseignés sur les mouvements de l'ennemi.

Les soldats russes, exténués par cette marche à raison de 40 verstes par jour, ne pouvaient plus avancer.

Pour comprendre que cette armée était rendue de fatigue, il suffit d'avoir présent à l'esprit ce fait: l'armée russe en sortant de Taroutino se composait de 100 000 hommes, et bien qu'elle n'eût pas perdu plus de 5 000 hommes blessés et tués, outre une centaine de prisonniers, elle ne comptait en arrivant à Krasnoë que 50 000 hommes.

Cette poursuite haletante de l'ennemi était aussi fatale à l'armée russe, qu'à l'armée française sa retraite précipitée.

Il n'y avait qu'une différence dans leur situation respective, c'est que les troupes russes marchaient à leur gré sans être exposées à des attaques, tandis que les troupes françaises s'avançaient sous la menace d'une destruction certaine et que leurs malades tombaient entre les mains de l'ennemi, tandis que les Russes qui ne pouvaient plus supporter les fatigues de la campagne avaient la facilité de rentrer dans leurs foyers.

La principale cause de diminution pour l'armée française fut la rapidité de sa fuite, la meilleure preuve qu'on en puisse donner est l'éclaircissement proportionnel des rangs de l'armée russe lancée à sa poursuite.

Toute l'action de Koutouzoff s'est bornée, comme à Taroutino et à Wiasma, à empêcher qu'on entravât cette marche destructive des Français, contrairement aux avis venus de Saint-Pétersbourg et à l'opinion de ses propres généraux. Il voulait, au contraire qu'on facilitât cette course affolée de l'ennemi, tout en favorisant la marche de ses propres troupes.

En outre, dès que Koutouzoff remarqua les signes de fatigue que manifestait son armée et les pertes qu'elle éprouvait, il trouva une autre raison pour ralentir sa poursuite de l'ennemi et rester dans l'expectative. On ne savait pas quelle route suivraient les Français, et plus les soldats russes les serraient de près, plus ils faisaient de chemin. Ce n'était qu'en suivant l'ennemi à distance que les Russes pouvaient couper les zigzags qu'il décrivait et le poursuivre par des chemins plus directs.

Toutes les profondes manœuvres que proposaient les autres généraux aboutissaient à une augmentation des journées de marche, tandis que le seul but raisonnable consistait à ralentir le plus possible cette marche pernicieuse.

C'est à ce but qu'ont tendu tous les efforts de Koutouzoff depuis Moscou jusqu'à Wilna, et ce n'est point par hasard ou par caprice qu'il l'a poursuivi, mais au contraire avec tant de suite et de persévérance, qu'il ne s'en est pàs écarté un seul instant.

Ce n'est pas la science ou la raison qui ont dicté à Koutouzoff cette tactique mais son âme; cette âme vraiment russe savait et sentait ce que savait et sentait chaque soldat russe, c'est-à-dire que les Français étaient vaincus, et qu'il suffisait pour s'en délivrer, de les escorter jusqu'à la frontière; et en même temps il portait avec ses soldats le poids douloureux de cette campagne rendue terrible par la rapidité de la marche et le froid intense qui régnait.

Mais les généraux, principalement ceux qui n'étaient pas Russes, voulaient absolument se distinguer, étonner le monde, faire prisonnier au moins un roi ou un duc; ils n'avaient qu'une idée, livrer des batailles et vaincre, alors que toute bataille eût été odieuse et insensée.

Lorsqu'on présentait à Koutouzoff tous ces plans de batailles, il regardait ses soldats à moitié affamés, sans chaussures, sans pelisses et qui, en un mois, sans avoir été au feu, avaient vu leurs rangs éclaircis de moitié, et avec lesquels il fallait pourtant poursuivre l'ennemi jusqu'à la frontière, c'est-à-dire à une distance beaucoup plus considérable que celle qu'ils avaient déjà parcourue, et Koutouzoff répondait aux généraux qui voulaient se distinguer par un simple haussement d'épaules.

Ce désir d'étaler sa bravoure, de commander des manœuvres, de harceler l'ennemi se manifestait surtout, lorsque les troupes russes rencontraient un détachement de l'armée française. Ce fut le cas à Krasnoë où les généraux russes, se croyant èn présence d'une des trois colonnes de l'armée française, se heurtèrent à Napoléon lui-même et à ses 16 000 hommes.

Malgré tous les efforts de Koutouzoff pour éviter cette rencontre afin de conserver ses troupes, lés Russes ne cessèrent pendant trois jours d'achever en tas les traînards français.

Le colonel Toll, un Allemand, traça le plan suivant: *die erste Colonne marschirt*, la première colonne marche, etc.

Et comme toujours tout se passa à rebours du plan.

Le prince Eugène de Wurtemberg tirait du haut d'une colline sur la foule des Français en déroute et demandait des renforts qui n'arrivaient pas.

La nuit, les Français, contournant les positions des Russes, se dispersaient, se cachaient dans les forêts et poursuivaient chacun leur marche comme ils pouvaient.

Le général Miloradovitch, qui déclarait que l'approvisionnement de ses troupes ne le regardait pas et qu'il ne s'en souciait guère, ce général qu'on ne pouvait jamais trouver quand on avait besoin de lui, « ce chevalier sans peur et sans reproche » comme il s'intitulait lui-même, avait un faible pour la conversation française : aussi ne cessait-il de parlementer avec les Français, leur proposant de se rendre, perdant ainsi beaucoup de temps sans jamais exécuter les ordres qu'il recevait.

— Je vous fais don de cette colonne, mes enfants, disait-il à ses troupes en leur indiquant les Français.

Et ses cavaliers, montés sur des chevaux qui n'en pouvaient plus, les aiguillonnaient de l'éperon et de l'épée et, à force de coups, les lançaient au petit trot sur la colonne dont le général leur faisait don. Elle se composait d'une foule de pauvres Français, déjà à demi morts de faim et de froid. Cette colonne dont leur supérieur disposait si généreusement, jetait bas les armes et se rendait, dénouement qu'elle souhaitait déjà depuis longtemps.

A Krasnoë ces généraux avaient fait prisonniers 21 000 Français, capturé des centaines de canons et un bâton, qu'on surnomma le bâton du maréchal. Ils passaient le temps à se quereller pour savoir qui s'était le plus distingué, et ils étaient parfaitement contents d'eux-mêmes.

Ils n'avaient qu'un regret, celui de n'avoir pas réussi à s'emparer de Napoléon ou tout au moins d'un des maréchaux, ils s'adressaient mutuellement des reproches à ce sujet et surtout se plaignaient de Koutouzoff.

Ces hommes entraînés par leurs passions n'étaient que les exécuteurs de la triste loi de la nécessité, mais ils se croyaient des héros et s'imaginaient qu'ils accomplissaient la plus noble et la plus digne des œuvres.

Ils accusaient Koutouzoff de les avoir empêchés, dès le début de la campagne, de vaincre Napoléon, de ne penser qu'à satisfaire ses passions personnelles, et ajoutaient que, s'il refusait de quitter les Polotniani Zavodi, c'est qu'il s'y trouvait bien. Enfin ils prétendaient qu'il avait suspendu le mouvement des troupes à Krasnoë parce que la présence de Napoléon lui avait fait perdre la tête ; ils allaient même jusqu'à l'accuser d'une entente avec Napoléon et de s'être laissé acheter, etc., etc...[1].

Non seulement les contemporains égarés par la passion ont mal jugé Koutouzoff, mais la postérité et l'histoire qui ont proclamé « grand » Napoléon, n'ont vu en Koutouzoff qu'un faible et vieux courtisan rusé et débauché; c'est ainsi que l'appréciaient les étrangers, tandis que les Russes ne voyaient en lui qu'un être indéfinissable, une sorte de marionnette qui n'avait été utile que parce qu'elle portait un nom russe.

1. Mémoire de Wilson.

De 1812 à 1813 Koutouzoff fut ouvertement accusé d'avoir commis des fautes graves.

Alexandre Ier était mécontent de lui, et dans l'histoire de cette campagne écrite tout récemment par ordre supérieur[1], Koutouzoff est représenté comme un courtisan menteur et rusé, que le seul nom de Napoléon faisait trembler, et qui par les fautes qu'il a commises à Krasnoë et à Bérézina a privé les armes russes de la gloire de battre complètement les Français.

Telle est la destinée des mortels qui ne sont pas des *grands hommes*, — l'esprit russe, d'ailleurs, ne reconnaît guère les grands hommes ; — telle est la destinée de ces âmes rares, presque tou-

1. Histoire de 1812 par Bogdanovitch : portraits de Koutouzoff et dissertation sur l'insuffisance des résultats obtenus à la bataille de Krasnoë.

jours isolées, qui savent pénétrer les desseins de la Providence et leur subordonner leur propre volonté.

La haine et le mépris de la foule s'attachent à ces hommes pour les punir de s'être élevés à la compréhension des lois supérieures.

Pour les historiens russes (c'est étrange et horrible à dire!) Napoléon, ce vil instrument de l'histoire, qui n'a jamais et nulle part, pas même en exil, montré de la dignité humaine — cet homme est l'objet de leur admiration et de leur enthousiasme : il est grand!

Koutouzoff, l'homme qui, du commencement jusqu'à la fin de la campagne de 1812, depuis Borodino jusqu'à Vilna, n'a pas une seule fois, par un seul acte, par une seule parole, dévié de son plan, présente le plus rare exemple du sacrifice de soi-même, et une sagacité qui lui fait pénétrer la signification des événements, — ce Koutouzoff n'est rien pour les historiens russes, et lorsqu'ils parlent de lui et des grands faits de l'année 1812, ils éprouvent une certaine honte.

Pourtant il serait difficile d'imaginer un personnage historique dont l'activité ait été si fidèlement et si constamment concentrée sur un même but élevé, but auquel tendaient également toutes les aspirations du peuple.

Il serait également difficile de trouver dans l'histoire un autre exemple d'un but aussi complètement réalisé que celui auquel Koutouzoff s'est entièrement consacré en 1812.

Koutouzoff n'a jamais dit que quarante siècles le « contemplaient du haut des pyramides », il n'a jamais parlé non plus des sacrifices qu'il faisait à la patrie, ni des grandes choses qu'il voulait accomplir ou même de celles qu'il a déjà exécutées.

Il ne parlait pas de lui-même, n'affectait jamais un rôle quelconque, avait soin de ressembler à tout le monde, d'être toujours naturel dans ses manières et de ne dire que les choses les plus simples et les plus ordinaires.

Il écrivait des lettres à ses filles et à Mme de Staël, lisait des romans, se plaisait dans la société des jolies femmes et plaisantait avec les généraux, les officiers et les soldats. Il ne contredisait jamais ceux qui tenaient à le convaincre.

Lorsque le comte Rostoptchine arriva bride abattue, sur le pont de Jaousa, pour rejoindre Koutouzoff et lui reprocher la perte de Moscou, en ajoutant :

— Vous aviez promis pourtant de ne pas rendre Moscou sans combat?

Koutouzoff, bien qu'il sût que Moscou était déjà abandonné, répondit :

— Je ne rendrai pas Moscou sans livrer bataille.

De même, lorsque le comte Araktchéeff, délégué à cet effet par le tzar, vint lui dire qu'il fallait nommer le général Ermoloff, commandant en chef de l'artillerie, Koutouzoff, bien quil se fût prononcé contre cette nomination quelques moments auparavant, répondit :

— Je viens de le proposer moi-même.

Que lui importaient, à lui, qui seul parmi la foule insensée qui l'entourait, comprenait la grandeur des événements, que lui importaient les reproches de Rostoptchine, ou la question de savoir qui serait nommé chef d'artillerie ?

Non seulement dans les circonstances que je viens de citer, mais dans toutes les occasions, ce vieillard, qui, par l'expérience de la vie avait acquis la certitude que les pensées et les paroles qui les expriment, ne sont pas les mobiles des actions des hommes, prononçait des paroles dépourvues de sens, disant tout ce qui lui passait par la tête.

Mais ce même homme qui faisait fi de la parole a su pourtant, durant toute la campagne, ne pas dire un mot qui fût en désaccord avec le but auquel il marchait si résolûment.

Il est évident que c'est sans le vouloir et avec la pénible assurance qu'on ne le comprendrait pas, qu'il dévoila plusieurs fois sa pensée dans diverses circonstances.

A partir de la bataille de Borodino, où commença la mésintelligence entre lui et son entourage, il fut le seul à déclarer que *Borodino était une victoire*, il le répéta maintes fois oralement et dans ses lettres ainsi que dans ses rapports et jusqu'à sa mort.

Il fut seul à proclamer également que *la perte de Moscou n'était pas la perte de la Russie.*

C'est lui qui répondit à Lauriston, envoyé par Napoléon pour faire des propositions de paix : qu'il ne pouvait accorder la paix parce que *le peuple russe ne la voulait pas.*

Il fut le seul pendant la retraite des Français qui déclara : *que toutes les opérations militaires étaient inutiles, que tout se ferait de soi-même, de façon à combler les vœux des Russes et qu'il suffisait pour cela de préparer à l'ennemi un pont d'or, que ni la bataille de Taroutino, ni celle de Krasnoï, ni celle de Wiasma n'étaient nécessaires, qu'il fallait épargner les hommes pour arriver à la frontière avec au moins quel-*

ques troupes, et enfin qu'il ne sacrifierait pas la vie d'un seul soldat russe, pas même pour faire dix prisonniers.

C'est encore lui, cet homme qu'on nous représente comme un courtisan menteur — qui, à Vilna, dit au tzar, au risque de tomber en disgrâce, que *de continuer la guerre au-delà de la frontière serait inutile et dangereux.*

Mais de simples paroles ne prouveraient pas suffisamment qu'il saisissait toute la portée des événements. Tous ses actes, tous ses faits et gestes tendent à un but unique dont il ne s'est pas un seul instant détourné, et qu'il poursuivait par trois moyens :

1° Concentrer toutes ses forces en vue d'une rencontre avec les Français,

2° les vaincre,

3° les chasser de la Russie en atténuant le plus possible les souffrances du peuple et des troupes russes.

C'est Koutouzoff, ce temporiseur dont la devise est « patience et longueur de temps »..... c'est lui, qui livre la bataille de Borodino et qui entoure les préparatifs de cette bataille d'une solennité sans exemple.

C'est ce Koutouzoff qui, avant que la bataille d'Austerlitz fût engagée, déclara qu'elle serait perdue, et à Borodino, lorsque tous les généraux constatèrent une défaite, et bien qu'on n'eût jamais vu dans l'histoire une victoire suivie de la retraite, Koutouzoff protesta jusqu'à sa mort et soutint que la bataille de Borodino avait été gagnée par les Russes.

Ensuite, comme nous venons de le voir, il est seul pendant la retraite à insister pour qu'on ne livre plus de batailles désormais inutiles, et à s'opposer à ce qu'on franchisse les frontières pour commencer une nouvelle guerre.

Il nous suffit à présent de ne plus confondre le vœu des masses avec les plans qui fermentaient dans la tête d'une dizaine d'ambitieux, pour voir distinctement la signification de ce grand événement, car nous l'avons sous nos yeux dans toute son intégralité.

Comment se fait-il que ce vieillard ait pu, seul contre tous, deviner avec tant de perspicacité la signification nationale des événements, et qu'il ne lui est pas arrivé une seule fois de se contredire durant toute la campagne ?

Cette puissance de pénétration avait sa source dans le sentiment du peuple russe que Koutouzoff portait dans son cœur dans toute sa pureté et toute sa force.

Et c'est uniquement parce que le

peuple a reconnu ce sentiment chez Koutouzoff, qu'il a choisi ce vieillard en disgrâce à la cour, pour en faire le chef de cette guerre nationale, et qu'il l'a élu même contre la volonté du tzar.

C'est ce sentiment, pas autre chose, qui a élevé Koutouzoff à cette hauteur de sentiment humain qui lui a permis, à lui, généralissime, de tendre toutes ses forces, non en vue de tuer et d'extermines les hommes, mais dans le but de les aimer et de les sauver.

Cette figure simple, modeste, et par cela même véritablement grandiose, n'entre pas dans le moule tout fait et faux du héros européen que l'histoire a imaginé.

Pour le valet, il n'est pas de grand homme parce que le valet a sa propre conception de la grandeur.

XVII

LA BÉRÉZINA

Les troupes françaises fondaient dans des proportions égales et une progression mathématique régulière.

Le passage de la Bérézina, sur lequel on a écrit tant de volumes, n'a marqué qu'un des degrés intermédiaires de l'anéantissement de l'armée française, et non un épisode décisif de la campagne.

Si l'on a tant écrit, et si l'on écrit encore sur le passage de la Bérézina, c'est que tousles malheurs que l'armée française avait subis jusque-là en détail et d'une manière égale se sont accumulés pourfondre en un bloc sur elle au moment où ce pont s'est écroulé sous ses pieds, laissant dans la mémoire de tous les assistants le souvenir ineffaçable de ce désastre tragique.

Les Russes de leur côté ont consacré des volumes au passage de la Bérézina, parce que Pfuhl avait tracé à Saint-Pétersbourg (à cette distance du théâtre de la guerre), le plan d'attirer Napoléon dans un traquenard stratégique sur la Bérézina.

Tous se sont persuadés que ces choses se sont passées conformément au plan et ont soutenu que c'est le passage de la Bérézina qui a perdu les Français.

En réalité, les conséquences du passage de la Bérézina ont été moins funestes aux Français que la bataille de Krasnoë, ils ont laissé un plus petit nombre de pièces d'artillerie et de prisonniers aux mains des Russes. Les chiffres sont là pour confirmer cette assertion.

Le passage de la Bérézina a seulement servi à prouver avec évidence tout ce qu'il y avait de faux dans le plan de couper la retraite à l'ennemi, et combien l'idée de Koutouzoff était juste : se contenter de poursuivre les Français.

La foule des Français couraient avec une vitesse toujours croissante, concentrant toutes ses énergies pour atteindre le but.

Elle fuyait comme un animal blessé, et il était impossible de l'arrêter dans sa course.

Nous en avons la preuve dans les faits qui se produisirent sur les ponts plus encore que dans les dispositions prises en vue du passage.

Lorsque les ponts furent détruits, toute la cohue, soldats sans armes, prisonniers russes, femmes chargées d'enfants, tout ce qui composait le convoi des Français, sous l'action de la force d'inertie, au lieu de se rendre, continua sa course affolée, roulant toujours devant soi, se jetant dans les bateaux ou tombant dans l'eau glacée.

Cette course en avant était raisonnable.

La situation des fuyards et de ceux qui les poursuivaient était également mauvaise. Ils se serraient l'un contre l'autre dans le malheur, ayant confiance dans leur solidarité et sachant que chacun pouvait compter sur la place qui lui revenait de droit parmi les siens.

En se rendant aux Russes leur situation, au lieu de s'améliorer, ne pouvait que s'aggraver en ce qui concernait la nourriture et les vêtements.

Les Français n'avaient pas besoin de renseignements précis pour savoir que les Russes ne savaient plus que faire de leurs prisonniers, et que malgré leur désir de les sauver, plus de la moitié mourait de faim. Les Français comprenaient qu'il ne pouvait en être autrement.

Les chefs les plus compatissants et les mieux disposés pour les Français, les Français eux-mêmes qui servaient dans l'armée russe, ne pouvaient rien faire pour les prisonniers.

Ceux-ci souffraient de la misère qu'endurait l'armée russe.

Les chefs moscovites ne pouvaient enlever à leurs soldats affamés le pain et les vêtements dont ils avaient besoin, pour les donner aux prisonniers français, inoffensifs, même innocents, mais dont ils ne savaient que faire.

Il y eut pourtant quelques généraux russes qui favorisèrent les prisonniers, mais ce fut l'exception.

Les Français avaient derrière eux une mort certaine, — devant eux l'espoir. Ils avaient brûlé leurs vaisseaux, et il ne leur restait pas d'autre salut que la fuite en commun ; et c'est sur cette retraite qu'ils concentrèrent toutes leurs forces.

XVIII

NAPOLÉON ET ALEXANDRE Ier

Si nous admettons, comme le font les historiens, que les grands hommes conduisent l'humanité vers certains buts, qu'il s'agisse de la grandeur de la Russie ou de la France, de l'équilibre européen, de propager les idées de la Révolution, du progrès en général ou de tout autre but, il est impossible dans ce cas d'expliquer les événements historiques sans recourir à l'intervention du *hasard* ou du *génie.*

Si les guerres européennes du commencement de ce siècle avaient pour objet la grandeur de la Russie, ce but aurait pu être atteint sans les guerres qui les ont précédées et sans l'invasion.

Si, au contraire, le but poursuivi, était la grandeur de la France, pour l'atteindre il n'était besoin ni de la Révolution ni de l'Empire.

Si la fin qu'on se proposait eût été de propager les idées de la Révolution, les livres s'en seraient acquittés beaucoup mieux que les soldats.

Enfin, si les progrès de la civilisation étaient le but, il saute aux yeux qu'on pouvait employer pour y arriver des moyens bien plus efficaces que la destruction des hommes et le pillage.

Pourquoi les événements ont-ils

suivi ce cours-là plutôt qu'un autre ?

« Le *hasard* a créé la situation et le *génie* en a profité, nous répond l'histoire.

Mais qu'est-ce que le hasard ? et que signifie ce mot : génie ?

Hasard et génie sont des mots qui ne représentent rien qui existe en réalité, et c'est pourquoi il est impossible de les définir.

Ils n'expriment qu'une certaine manière de comprendre les événements.

J'ignore la cause de tel fait, je pense que je ne peux pas la connaître et pour cette raison je ne cherche pas à la découvrir, et je dis : c'est le *hasard.*

Je vois qu'une force a produit une action incompatible avec les qualités ordinaires des hommes, je ne peux pénétrer la cause de cette force, et je m'écrie : c'est du *génie.*

Le mouton que le berger enferme

chaque soir dans un enclos spécial, pour lui donner une ration supplémentaire, et qui devient pour cette raison deux fois plus gros que les autres, ce mouton doit paraître un génie aux autres membres du troupeau. Le fait que chaque soir ce mouton, au lieu d'entrer dans la bergerie commune, est mis à part dans un enclos où on lui donne de l'avoine, et que ce même mouton une fois engraissé est tué et livré à la boucherie, — ce fait doit frapper les autres moutons et leur apparaître comme le résultat du génie combiné avec toute une série de hasards extraordinaires.

Mais si les moutons cessent de croire que tout ce qui se passe a pour objet des buts se rapportant exclusivement à leurs propres personnes; s'ils admettent que les événements qui surviennent peuvent poursuivre des buts qu'ils ne sauraient comprendre, ils apercevront aussitôt une unité d'action et une succession logique dans tout ce qui arrive au mouton qu'on engraisse.

Lors même qu'ils ne sauraient dans quel but on l'a engraissé, ils comprendront que rien de ce qui est arrivé au mouton n'est survenu à l'improviste, et pour se l'expliquer ils n'auront plus besoin de recourir ni au hasard, ni au génie.

Ce n'est que lorsque nous renonçons à connaître le but final des choses, en reconnaissant qu'il n'est point accessible à notre compréhension, que nous découvrons dans la vie des personnages historiques une succession logique de faits obéissant à la nécessité; alors seulement la cause de la disproportion qui existe entre leurs actes et les capacités des hommes ordinaires nous sera révélée, et nous n'aurons plus besoin de recourir aux mots de *hasard* et de *génie*.

Ainsi, il nous suffira d'admettre que le but des mouvements du peuple européen nous est inconnu ; que nous ne connaissons que des faits, qui consistent en tueries exécutées d'abord en France, puis en Prusse, en Autriche et en Russie, et que la cause de ces événements réside dans la marche des peuples de l'Occident se portant sur l'Orient et inversement de l'Orient sur l'Occident; il nous suffira d'admettre cela, pour que nous n'ayons plus besoin de trouver du génie, quelque chose d'exceptionnel dans les caractères de Napoléon et d'Alexandre Ier ; nous ne verrons plus dans ces personnages que des hommes comme les autres, et non seulement nous n'aurons plus besoin d'expliquer par le hasard les petits événements qui ont fait de ces personnages ce qu'ils ont été, mais il deviendra évident pour nous que ces petits événements étaient nécessaires.

Quand nous renoncerons à pénétrer le but final, nous comprendrons que, de même qu'il est impossible de trouver à une plante d'autres fleurs et d'autres semences que celles qu'elle produit, il est impossible d'imaginer deux personnages historiques qui, comme Alexandre Ier et Napoléon, du commencement à la fin de leur existence, auraient pu répondre aussi exactement et dans les moindres détails à la mission qui leur était dévolue.

Le fait fondamental des événements européens du commencement de ce siècle est les mouvements belliqueux des peuples en masses d'abord de l'Occident à l'Orient, et ensuite de l'Orient à l'Occident.

Ce mouvement est parti de l'Occident. Pour que les peuples occidentaux aient pu pousser leur marche belliqueuse jusqu'à Moscou, il a fallu :

1° Qu'ils se concentrent en une masse guerrière de telles dimensions, qu'elle puisse supporter le choc de la masse guerrière de l'Orient.

2° Qu'ils renoncent à toutes leurs traditions, à toutes leurs habitudes.

3° Qu'ils eussent à leur tête, pour accomplir ce mouvement belliqueux, un homme qui puisse se justifier et les justifier d'avoir eu recours aux mensonges, aux pillages, aux massacres pour parvenir à leurs fins.

Le petit noyau primitif qui datait de la Révolution française n'étant pas assez considérable se dispersait ; les traditions et les habitudes se modifièrent, un nouveau groupe plus considérable se forma peu à peu, et avec lui de nouvelles traditions et de nouvelles habitudes ; c'est dans ce milieu que se prépare pour sa mission l'homme qui doit un jour se mettre à la tête du mouvement et porter toute la responsabilité des événements qui se succéderont.

Cet homme, sans principes, sans habitudes, sans traditions, sans nom, qui n'est pas même un Français, par un concours de circonstances étranges et fortuites, à ce qu'il semble au premier abord, se faufile parmi tous les partis qui divisent la France, et sans se mettre d'aucun, réussit à se faire porter au premier rang.

L'ignorance de son entourage, la faiblesse et la nullité de ses rivaux, sa sincérité dans le mensonge et sa brillante et présomptueuse étroitesse d'esprit, poussent cet homme à la tête de l'armée.

L'excellente composition de l'armée d'Italie, le peu d'envie de se battre que témoigne l'ennemi, sa confiance en soi-même et son effronterie puérile, lui donnent la gloire militaire.

Partout, une foule de soi-disant hasards, toujours heureux, l'accompagnent.

Les autorités françaises le voient de mauvais œil, et cette défaveur lui est utile.

Les tentatives qu'il fait pour changer de voie échouent l'une après l'autre ; la Russie refuse de le prendre à son service ; le sultan repousse également ses offres.

Pendant la guerre d'Italie il est maintes fois à deux doigts de sa perte, et toujours une circonstance imprévue le tire d'affaire.

Les troupes russes, ces troupes qui auraient le pouvoir d'anéantir sa gloire, par toute sorte de combinaisons diplomatiques ne mettent pas le pied en Europe tant qu'il est là.

A son retour d'Italie il trouve le gouvernement français dans cet état de décomposition qui condamne fatalement tous les hommes qui en font partie à s'effacer et à périr. L'issue à cette situation dangereuse à Napoléon, elle s'offre d'elle-même, c'est l'expédition en Afrique, expédition insensée, et sans raison d'être.

De nouveau il est servi merveilleusement par le hasard : Malte, réputée imprenable, se rend sans un coup de feu ; les dispositions les plus risquées de

Napoléon sont couronnées de succès.

La flotte ennemie, qui un peu plus tard ne permettra pas à une simple barque de passer, laisse défiler toute une armée.

En Afrique, il commet une série de crimes sur des habitants presque désarmés, et les hommes qui se livrent à ces atrocités et lui surtout, leur chef, se persuadent ensemble que ce qu'ils font est grand et beau, qu'ils recueillent de la gloire et que leurs exploits ressemblent à ceux de César et d'Alexandre de Macédoine.

Cet idéal de *gloire* et de *grandeur* qui consiste, non seulement à ne reculer devant aucun crime, mais à s'en glorifier en lui prêtant une signification surnaturelle, — cet idéal qui sera le guide de cet homme et de tous ceux qui partagent sa fortune fut élaboré librement en Afrique.

Tout ce qu'il tente lui réussit : la peste l'épargne ; les massacres des prisonniers ne lui sont pas imputés comme des crimes.

Son départ précipité, puéril, sans cause et peu chevaleresque, puisqu'il laisse derrière lui ses compagnons d'armes dans la détresse, cette fuite lui est comptée comme un mérite de plus, et de nouveau, deux fois de suite, la flotte anglaise le laisse échapper.

C'est alors qu'ébloui par les crimes qui lui ont porté bonheur, il arrive à Paris, sans avoir aucun but défini. Le gouvernement républicain, qui une année auparavant aurait eu encore le pouvoir de le faire périr, se trouve dans un état de décomposition qui a déjà atteint les dernières limites, et la présence de cet homme à part, qui n'appartient à aucun parti, ne peut servir qu'à sa propre élévation.

Il n'a aucun plan, il craint tout, mais les partis voient en lui leur salut et sollicitent son appui.

Car c'est lui, lui seul, avec l'idéal de gloire et de grandeur qu'il a élaboré en Italie et en Egypte, avec sa folle adoration de soi-même, son audace dans le crime, sa sincérité dans le mensonge, lui seul qui pourra justifier les événements qui vont se dérouler.

Il est l'homme nécessaire pour occuper la place qui l'attend, et voilà pourquoi, indépendamment de sa volonté malgré l'absence de tout plan, en dépit de ses hésitations et de ses nombreuses fautes, il est entraîné dans un complot ayant pour but de s'emparer du pouvoir, et ce complot est couronné de succès.

On le pousse au milieu d'une séance du Directoire. Effrayé, il veut fuir, se croyant perdu ; il feint de se trouver mal et prononce des paroles insensées qui devraient le perdre.

Mais les hommes qui composaient alors le gouvernement de la France, autrefois si fiers et bien avisés, sentent maintenant que leur rôle est joué; ils sont encore plus troublés que Napoléon et disent tout le contraire de ce qu'il aurait fallu, pour retenir le pouvoir et confondre l'usurpateur.

Le *hasard* ou plutôt des millions de hasards lui donnent le pouvoir, et tous les hommes, comme s'ils s'étaient concertés, concourent à raffermir ce pouvoir.

C'est au *hasard* qu'est due la faiblesse de caractère des membres du Directoire, qui les porte à s'incliner devant Napoléon.

C'est le *hasard* qui a fait le caractère de Paul Ier et conduit ce souverain à reconnaître le pouvoir de Napoléon.

Le *hasard* ourdit contre lui un complot, qui non seulement n'ébranle pas son pouvoir, mais le raffermit.

Le *hasard* lui livre le prince d'Enghien et lui permet de le faire inopinément assassiner; et cet acte sert plus qu'aucun autre à prouver à la foule qu'il a le droit, puisqu'il possède la force.

Le *hasard* fait qu'il tend de toutes ses forces à une expédition contre l'Angleterre. Entreprise qui l'aurait perdu et qui n'a jamais été réalisée; mais il tombe inopinément sur Mak et l'armée autrichienne qui se rendent sans qu'une bataille ait été livrée.

Le *hasard* et le *génie* lui donnent la victoire à Austerlitz, et par *hasard* toujours, les hommes de toutes les nations, toute l'Europe, à l'exception de l'Angleterre, qui ne prendra point part aux événements qui doivent s'accomplir, tous les hommes, en dépit de l'horreur et de l'aversion que leur inspirent les crimes de Napoléon, reconnaissent son pouvoir, le titre qu'il s'est donné, et son idéal de gloire et de grandeur, que tout le monde trouve beau et raisonnable.

Les forces de l'Occident, comme si elles se préparaient pour un mouvement futur, grandissaient et se raffermissaient après s'être tendues plusieurs fois du côté de l'Orient, en 1805, 1806, 1807 et 1809.

En 1811 le groupe d'hommes qui s'est formé en France s'allie avec les peuples du centre pour former une masse énorme.

A mesure que cette masse d'hommes

grossit, la justification de celui qui se trouve à sa tête grandit en proportion.

Pendant les dix années qu'ont duré les préparatifs du grand mouvement, cet homme entre en relation avec toutes les têtes couronnées de l'Europe. Les souverains découronnés n'ont pas d'idéal raisonnable à opposer à l'idéal insensé de *grandeur* et de *gloire* que Napoléon a inventé. Ils s'empressent l'un après l'autre de lui prouver leur insignifiance.

Le roi de Prusse envoie la reine auprès du grand homme pour solliciter ses bonnes grâces; l'empereur d'Autriche trouve que cet homme lui fait une faveur en recevant dans son lit la fille des Césars et le pape, gardien de la sainteté des peuples, fait de la religion un piédestal au grand homme.

Tout ce qui entoure Napoléon lui

dicte son rôle et le pousse à prendre sur lui toute la responsabilité des événements présents et futurs, plutôt qu'à se préparer lui-même pour le rôle qu'il doit remplir.

Il n'y a pas d'actes, de crimes qu'il commette, de simples trucs qu'il hasarde, sans qu'aussitôt tout le monde crie à l'héroïsme.

Les Allemands pour lui être agréables ne trouvent rien de mieux que de fêter Iéna et Auerstaedt.

Et non seulement lui-même est grand, mais ses aïeux, ses frères, ses beaux-fils, ses beaux-frères eux aussi sont grands.

Tout se passe donc à souhait pour lui enlever le dernier vestige de raison et le préparer à son rôle terrible.

Quand il fut prêt, toutes les forces étaient également prêtes.

L'invasion se rue sur l'Orient; elle atteint le but final, Moscou. La capitale est prise ; l'armée russe est plus radicalement détruite que ne l'ont jamais été les armées ennemies depuis Austerlitz jusqu'à Wagram.

Et tout d'un coup, au lieu du *hasard* et du *génie* qui l'ont porté avec tant de constance par une série de succès ininterrompus vers le but prédestiné, nous ne trouvons plus qu'une accumulation incalculable de *hasards* contraires, depuis le rhume de cerveau de Borodino jusqu'à l'étincelle qui a incendié Moscou et aux froids de la Russie; et à la place *du génie* nous découvrons — une incapacité et une vilenie dont l'histoire jusqu'ici ne nous a pas donné d'exemples.

L'invasion s'avance en sens contraire, et déjà tous les hasards au lieu de le favoriser se tournent contre elle.

Nous assistons alors au mouvement inverse, allant de l'Orient à l'Occident, et qui a une grande analogie avec celui qui l'a précédé.

Il est également annoncé par diverses tentatives qui se produisent en 1805, 1807 et 1809; comme auparavant, un nouveau groupe se forme qui grossit et devient une masse colossale; les peuples du centre de l'Europe se rallient à ce mouvement qui semble une répétition du précédent, car rien n'y manque pour rendre la ressemblance complète, ni les hésitations au milieu de la route, ni l'augmentation de la vitesse à mesure qu'on approche du but.

Paris — le but final du mouvement — est atteint. Le gouvernement de Napoléon et son armée sont renversés.

Napoléon lui-même ne représente plus

rien ; mais ses derniers actes font pitié et inspirent le dégoût; cependant un hasard nouveau et incompréhensible intervient : les alliés haïssent Napoléon et voient en lui la cause de tous leurs malheurs.

Eh bien ! à cette heure, dépouillé de son prestige et de son pouvoir, accusé de crimes et de perfidies, ils auraient dû le voir sous le même aspect que dix ans auparavant et tel qu'il leur est apparu une année plus tard, comme un bandit hors la loi ; mais par un hasard étrange personne ne le considère alors sous ce point de vue.

C'est que son rôle n'est pas encore terminé. L'homme qu'on a déclaré un bandit hors la loi, cet homme on l'envoie dans une île à deux journées de distance de la France, et on lui donne la possession de cette île avec une garde et des millions, qu'on lui paye, Dieu sait pourquoi.

Le soulèvement des peuples commence à s'apaiser. Les vagues se sont retirées, et sur la mer accalmée se forment des ondulations sur lesquelles flottent des diplomates qui s'imaginent que c'est eux qui ont produit cet apaisement.

Mais la mer se soulève de nouveau. Les diplomates sont persuadés que leurs dissensions ont produit ce nouveau déchaînement des flots, ils s'attendent à une guerre entre leurs souverains; la situation leur semble sans issue.

Mais la vague dont ils sentent l'approche ne vient pas du côté d'où ils l'attendent.

C'est un retour de l'ancienne vague ayant le même point de départ: Paris.

C'est le dernier rejaillissement qui vient d'Occident, rejaillissement qui, à ce que croient les diplomates, doit résoudre les difficultés diplomatiques et mettre un terme au mouvement belliqueux de cette période.

L'homme qui a dévasté la France revient seul, sans soldat, sans un plan ; il est à la merci de chaque garde, mais par un hasard étrange, personne ne le touche ; au contraire, tout le monde court au-devant de lui avec admiration, on acclame avec enthousiasme celui qu'on maudissait hier encore, et qu'on maudira de nouveau un mois plus tard. C'est que cet homme est encore nécessaire pour la justification du dernier acte.

L'acte est fini. Le dernier rôle est joué; l'acteur reçoit l'ordre de poser son costume, d'enlever son fard ; on n'a plus besoin de lui.

Pendant plusieurs années encore, cet homme dans la solitude de Sainte-Hélène, joue devant soi-même une comédie pitoyable ; il intrigue et il ment pour justifier ses actes, quand cette justification n'est plus nécessaire.

Il montre lui-même clairement au monde en quoi consistait cette misérable chose que les hommes prenaient pour une force, quand la main invisible des événements le guidait.

Le vrai dispensateur des choses, ayant terminé le drame, fait poser son masque à l'acteur principal, et nous le montre en disant :

— Regardez en qui vous avez cru ! Le voilà. Vous voyez maintenant que ce n'est pas lui, mais moi qui vous ai conduits.

Mais, aveuglés par la force de l'entraînement, les hommes sont restés longtemps avant de comprendre cette vérité.

Nous découvrons encore plus de fatalité et de suite dans la vie d'Alexandre Ier, ce personnage qui était à la tête du contre-mouvement de l'Orient sur l'Occident. Quelles qualités devait posséder cet homme, pour qu'il effaçât les autres et fût placé à la tête de ce mouvement ? Il lui fallait le sentiment de la justice, et il fallait qu'il prît un intérêt réel dans les affaires de l'Europe, un intérêt exempt de toutes préoccupations mesquines.

Il lui fallait un caractère d'une moralité plus élevée que celle des autres souverains de son temps. Il lui fallait un caractère doux et sympathique, et il fallait encore qu'il fût personnellement outragé par Napoléon.

Tous ces traits distinctifs se retrouvent dans Alexandre Ier et ont été produits par les innombrables *hasards* ou soi-disant hasards de sa vie passée. Tout y a contribué : son éducation, ses réformes libérales, les conseillers qui l'entourent, sans compter Austerlitz, Tilsitt et Erfurt.

Pendant toute la durée de la guerre patriotique ce personnage est en inactivité, parce qu'il n'est pas nécessaire.

Mais aussitôt que la nécessité de la guerre européenne devient évidente, ce personnage se trouve, au moment critique, à la place qui lui est assignée pour rallier les peuples de l'Europe et les mener au but.

Ce but est atteint. Après la dernière guerre de 1815 Alexandre dispose de la plus grande somme de pouvoir qui soit accessible à l'homme.

Quel usage a-t-il fait du pouvoir ?

Alexandre Ier, le pacificateur de l'Europe, l'homme qui dès son jeune âge fut animé du désir sincère de rendre ses peuples heureux et qui fut le premier initiateur des réformes libérales dans son pays, ce souverain, dira-t-on, puisqu'il possédait un pouvoir illimité, pouvait réellement faire le bien de ses peuples. Que voyons-nous ? tandis que Napoléon en exil se complaît dans des plans menteurs et puérils, pour montrer comment il s'y prendrait pour faire le bonheur de l'humanité s'il avait le pouvoir, Alexandre Ier qui possède ce pouvoir, ayant rempli sa mission et sentant sur lui la main de Dieu, reconnaît tout d'un coup la nullité de ce pouvoir, s'en détourne, l'abandonne aux mains d'hommes méprisables et méprisés, et ne sait que répéter : « Pas à nous, pas à nous la gloire, mais à Toi seul. »

— Je suis un homme, comme vous autres; laissez-moi vivre comme un simple mortel, que je puisse penser à mon âme et à Dieu.

Comme le soleil ou comme chaque atome de l'éther forme une sphère achevée en elle-même, tout en ne présentant qu'un atome du grand Tout inaccessible à l'homme, ainsi chaque individu porte en soi son but à lui-même et en même temps sert le but commun inaccessible à la raison humaine.

L'abeille qui s'envole d'une fleur vient piquer un enfant, et l'enfant redoute les abeilles et dit que leur but en ce monde est de piquer les hommes.

Le poète admire l'abeille qui boit dans le calice d'une fleur, et il assure que le but des abeilles est d'aspirer le parfum des fleurs.

L'apiculteur remarque l'abeille quand elle amasse le pollen et le suc des plantes pour nourrir la reine et les larves, et il décide que les abeilles ont pour but la continuation de l'espèce.

Le botaniste observe que l'abeille transporte la poussière fécondante d'une plante sur le pistil d'une autre fleur et la féconde; il assure que le but de l'abeille consiste dans la fécondation.

Un autre botaniste, voyant que la transmigration des plantes est favorisée par l'abeille, verra dans cette mission le but de l'insecte.

Mais le but final de l'abeille n'est renfermé ni dans le premier, ni dans le second, ni dans le troisième de ces buts que l'esprit de l'homme peut découvrir.

Plus il cherche à pénétrer ce but final, plus il lui devient évident qu'il est inaccessible à l'homme.

Il ne peut qu'observer la corrélation qui existe entre la vie de l'abeille et les autres phénomènes de la nature.

Il est enfermé dans la même sphère restreinte pour chercher les buts des événements et des personnages historiques, et le but final lui est également inaccessible.

FIN

TABLE DES MATIÈRES

FIN

ASNIÈRES. — IMPRIMERIE LOUIS BOYER ET Cie

ASNIÈRES. — IMP. LOUIS BOYER ET Cie, 7, RUE DU BOIS.

www.ingramcontent.com/pod-product-compliance
Ingram Content Group UK Ltd.
Pitfield, Milton Keynes, MK11 3LW, UK
UKHW020111200726
13856UKWH00002B/486